（台）营养教育博士**白小良**著

营养师妈妈教你培养
健康、自信、体贴、有礼貌的孩子

中国青年出版社

推荐人名

各界学者盛赞推荐（依照姓氏笔画排列）

文长安 /辅仁大学餐旅管理系兼任讲师

吴成文 /台湾卫生研究院创院院长、中研院院士

李伟文 /亲子作家

林素一 /文化大学生活应用科学系主任、中华家政学会理事长

施明智 /文化大学保健营养学系主任

洪若璞 /营养师、台北市立联合医院忠孝院区营养室主任

徐光华 /营养师、新光医院营养课副主任

殷秀妙 /营养师、振兴医院营养治疗科教育研究组长

张仙平 /台湾营养学会常务理事、国际生命科学院—台湾（ILSI Taiwan）理事

张静芬 /营养师、嘉义基督教医院营养室主任、嘉义营养师公会理事长

许自齐 /马偕医院大肠直肠外科主治医生、世界大肠直肠外科医学会副会长

陈安仪 /亲子作家、资深媒体人

番红花 /亲子作家

贺秋白 /台湾艺术大学图文传播艺术学系副教授

杨育正 /前马偕医院院长、马偕医院妇科癌症学科主治医师

杨妹凤 /营养师、台中营养师公会理事长

赖允亮 /马偕医院放射肿瘤科资深主治医师、亚太安宁医学会理事长

谢孟雄 /董氏基金会董事长、实践大学董事会董事长

谢蓝琪 /营养师、高雄市营养师公会常务理事、高雄联合医院营养室主任

因为爱与共享 —— 最美味的餐桌成就

吴成文

（台湾卫生研究院创院院长、中研院院士）

　　一位有着营养学的学习背景、公共卫生的专业培育、结合过去工作上医疗营养经验的女性，在育儿有成之后，方得空重拾书本，取得博士学位。这位因婚姻到美国经营家庭的妈妈，汲取传统中国家庭文化——无论是教养、饮食，还是餐桌上的礼仪，又吸收极尽物质文明的美国文化。如此岁月沉淀的学习、成长、成就与转折，是从市场采买与家庭烹调开始的"生命"传承，如同饮食的文化一般，一代孕育着一代……

　　她去芜存菁地把这塑造的历程，由记忆与经验，到学有专精的角度出发，并仔细观察地成就这本著作，其实不只是如其所说的"小良妈妈的餐桌哲学"而已，我倒认为这是一部以饮食为经、教育观念为纬、生活智慧为根的生命精华纪实，是属于作者白小良博士深致的生活"滋味"分享。

我与小良结识在于她的另一半为与我同行的科学研究者谢泽鸿博士，数年前我到纽约进行讲学研究，与同在Sloan Kettering 癌症中心工作的泽鸿结识，进而认识他这位贤内助小良，以及他们教养有方、卓越出众的两位公子。我结识这一家有着除却科学互动之外的友侪情谊，泽鸿有时回台湾参加会议，我俩多半的科学交锋却总会提到他与小良之生活点滴。我也借此描绘出些许他俩如何在异乡立足发展，以及经营家园的过程，尤其是小良的营养专业与亲子教育的教养模式，总是让我惊叹与敬佩。

小良这一路的轨迹终于以文字串联起来，也让我更清晰地了解小良如何以健康的观念，连接家园成长的精彩过程。这部"家庭之书"叙述了挑选日常饮食重要食材的正确观念，教导读者如何认识其营养价值，而且以最简易不伤害食材风味的方式，迅捷烹调。这是小良在专业"挑选"下的建议，为一位学有专精营养学者的生活经验加上学院的科学实务，不过如果将小良这一本书的内涵只定义在营养学上，却不免过度窄化了其撰写本书的用心。

她把餐桌当作家庭的中心，将餐桌的礼仪作为品格教育的开始，鼓励家人进入厨房，与之同乐。其实餐桌只是小良与小孩互动的媒介，她在餐桌上传承食物的美味，并以身教、言教，教导成长中的孩子如何吃得健康，吃得有礼貌，以及阐述她在原生家庭的餐饮记忆。原来，家庭成员所有的生活历史，可以透过餐桌上共享食物的时光，如影随形地延续下去。怪不得小良如此教子有方，她们家的餐桌，可说是家庭教育的基地。

我想这是小良以如此温暖与恬静的文字书写本书的原因。她说，食物是沟通的桥梁；她说，走入厨房，做菜不难。小良的观念是如何轻松自在地"吃"出"健壮"，"养"出人格"健康"的小孩。这时，我才深刻地体会到中国文化中所说的教养，原来教养的双重意义是"教寓于养"，而也是"养寓于教"。

这位具有智慧的母亲，在餐桌上的成就，当然高过书中所叙，尤其是她在孩子成年上大学之后，终于有时间完成昔年希望进修的志愿，"妈妈博士"的荣衔，更是她与家人彼此支持的成果。套句小良所说的话，她在家中的锅锅铲铲中，践行了一生的梦想。

这是我赞叹小良之处，乐为之序。也希望小良所陈达的理念，"提味"家庭餐桌的时光享受，这一份快乐值得邀请家庭的所有成员阅读。相信在阅读之后，无论是谁，都将不再畏惧进入厨房，而愿意参与家人的餐桌共处时光——餐桌上美味与生命经验的分享。

简单拥有家庭、亲情与健康的美好

谢孟雄

（董氏基金会董事长、实践大学董事会董事长）

"教养一个孩子成年，相当于拿了三个到四个博士学位"，道出了父母在教养孩子的过程中其漫长、艰辛、挑战、摸索和付出。现代病源与日常饮食密不可分，吃得健康为预防医学之首。无论营养专业或教养子女，白女士取舍中西方文化的优缺点，使得在异国生长的第二代更具自己的特质。这本书结合专业营养知识、家庭生活和品格教养，提供现今高频率外食、食品安全问题频现、家庭结构松散的当下，一个回顾省思的起点。

白小良由实践大学前身的实践家专食品营养科毕业，随即进入文化大学食品营养组，在马偕医院任职期间，她对临床营养做了许多突破和创新，且是台湾第一位公费前往世界上第一所最先进的癌症中心学习的营养师，后来成立台湾第一个肠道静脉营养医疗小组，造福临床病患。其后并没有因为营养及医界对她的认可而自满，再度踏出另一步，前往哥伦比亚大学取得三个硕士学位。而后她的重心转移到家庭和孩子，直至孩子进入大学，再重返学校完成博士学位。她的研究论文不仅获得美国营养教育学会研究奖，且发表在国际学术期刊上。无论专业还是家庭，她都认真地走每一步，身体力行创办人的办学理念"力行实践，修齐治平"，强调家庭为国家之本，因而1998年荣获实践大学"修齐治平校友楷模"殊荣。

现代生活，凡事追求快速，生活品质和家庭结构起了变化，生理和心理的基本需求也被遗弃了。外食过于频繁，依赖大量的加工食品，导致健康和亲情在不自觉中陆续外包。我们期待下一代德智体美兼具生理的健康，就必须让孩子认识食物，而不是加工产品，或速食连锁店标志；心理健康唯独来自家中餐桌，亲手准备含有满满亲情的饮食。作者将专业、养儿和生活中的喜乐、缺失和挫折与读者分享，其用意在表达要拥有家庭、亲情与健康这些美好事物是唾手可得。

这本书甚适合所有族群参考使用，谨述数句于刊首，并乐于为之推荐。

餐桌教养，是让家庭和谐健康的关键

文长安

（辅仁大学餐旅管理系兼任讲师）

这几年台湾的食品安全一连串地出问题，究其原因其实很简单，经由各种不同的美食媒体毫无筛选地不断报道，"俗搁大碗、又Q又弹牙"的饮食观念，已深根于台湾人内心深处。由于美食不贵的诱惑，在外用餐围炉已成为台湾人的普遍现象，外食的结果易造成家人相聚减少，父母亲与孩子感情已渐趋淡薄。

外食食品从20世纪80年代的冷冻食品，进化为90年代的家庭取代餐（Home Meal Replacement, HMR），进而又演进为2000年的鲜食食品。现今台湾每天有超过1000万人在外用餐，这其中又约有百分之十的大学生选择鲜食食品进食。囿于市场强大的竞争力，于是业者就纷纷以俗搁大碗、又Q又弹牙作为食品加工之最高指导原则。其中的保鲜调整剂就是这鲜食食品之重要配方，各家虽有所不同与差异，但多是以醋酸钠、柠檬酸、偏磷酸钠、氨基乙酸等复合酸综合来调降，另外部分添加了Lysozyme（溶菌酵素），强化其抑菌效果；至于口感的增加，多数业者采用琥珀酸二钠、麸酸钠、次黄嘌呤核苷磷酸二钠及鸟嘌呤核苷磷酸二钠作为调味之基质；另以架桥剂磷酸盐及氧化剂作为Q味之添加物；于是高钠、高磷、高硫、高蛋白质等偏差饮食就逐渐侵蚀民众的健康，造成国家健保支出大量升高，癌症盛行率不断攀升就是最显著之证据。

人生中两大投资绝对不是房地产与股票，而是全家的健康与教养；营养、保养与修养，就是身体储存健康的一种实践方式。要达成这三养，唯有建筑于教养之上。全家在一起烹调的晚餐就充满了爱及温馨，完全兼顾"教养"与"营养"两重点，父母亲更可借由厨房温馨的爱与餐桌上的教养之道，让孩子吃出健康，吃出竞争力。有了健康与教养，我们的人生将会更充实与完美，社会更温馨、更祥和。

一般来说，中国人的父母比较专注于儿女学业考试成果，因而补习教育、寒窗苦读、鸡汤（精）进补就成了中国的父母亲关心儿女的最佳写照；并由于父母与孩子相聚时间减少，连最基本的全家共进晚餐都不可得，导致缺乏父母亲教养的孩子普遍有过度偏激之偏差行为。

白小良博士旅美已28年，她从实践家专食品营养科毕业，插班文化大学食品营养系，毕业后表现优异，被提升为马偕医院临床营养组长，并建立台湾烧烫伤营养及管灌营养制度，移居美国后，成为美国哥伦比亚大学营养教育博士，可谓成就非凡；她的夫婿亦是美国生物医学博士，我尤其为她感到骄傲的是，她的两个儿子不但就读美国排名前四的知名大学，而且心地善良、孝顺父母、知书达理、懂得待人处事且知进退，更常以来老爸老妈为荣，这温馨的一切都源于白小良博士家庭厨房的爱及餐桌的教养。

白博士以非常专业的知识及经验，点出现代营养教育只重形式之缺失，希望借由家人在一起用餐，传播厨房的爱及餐桌的教养，达到和谐健康社会的最高境界。

这是一本非常有突破性的好书，它不仅营养健康了身躯，更健康了全家人的心灵，值得推荐给大家。

除了健康，食物的重要更在于营养教育与教养

施明智

（文化大学保健营养学系主任）

白小良老师是我文化大学的学姐，也是我的老师。那时白老师在马偕医院任职营养师，而我则是菜鸟学生。白老师担任系上膳食疗养学实习的助教。我膳食疗养学实习就是在她严格的指导下，使我至今仍有功力。在那还没双休日的时代，实验课就摆在周六。每周我们每个人完成个人的各类膳食计划后，由白老师自该组中挑选其中一人的菜单于下一周进行制作。挑选的原则可能是好的设计，也可能是有问题的设计。而做完后，将各组成品放置在一起，再一组组讲解、说明，我们就会了解这个菜单设计的优点与缺点。而开膳疗实习的菜单作业也变成那时每周最头痛的作业之一，要知道不仅要把热量开出，还要分配六大类食物于各餐中，同时还要写出菜名、兼顾菜色，那是相当辛苦的一件事。印象最深的一件事，也是我现在上课都会告诉学生的一件趣事，不是发生在我的班上，而是大

我一届的排骨学长，在半流质饮食中，由于早餐开了稀饭，但三餐中油脂不够分配，因而别出心裁地开了一个"美乃滋稀饭"，所以白老师特别强调菜单的重要性。因为病人生病已经很苦了，一天就盼着美味的三餐，让病人还有一些生趣。如果伙食太差，那活着还有什么意思呢？

在教了文化大学几年后，白老师出国了。而在几年前，白老师突然打电话到系上，说目前正短期在台湾停留，希望与系上老师聊聊天，说说她在美国多年来的所见所闻与心中的抱负，以及期望台湾营养界能做的事情。于是，在炎热的夏天，白老师风尘仆仆地坐公车上山与本系老师面对面地聊了一下午。从中，我也学到许多目前美国一些最新的营养观念，同时也感受到她那期待赶快扭转营养摄取不均所造成问题的急切心情。

而再次的见面，就又过了一年，那次是文学长安排白老师在辅大的演讲。当天演讲内容，就已提到教养的重要性。白老师说她做了多年的全职妈妈与学生，也必定帮孩子准备三餐。而她也将"孩子教养、家庭理念、临床营养经验、公共卫生预防医学理念、饮食文化和营养教育"结合在一起成为她的博士论文。甚而提到，在她论文中有许多新的东西方文化差异而产生不同教养的创见。这又使我耳目一新，发现原来营养教育也可以这么做。

近年来，台湾陆续发生许多食品安全问题，导致许多人都在问到底要怎么吃，才能吃得健康、吃得安心、吃得安全。而吃得健康与营养已经是全世界的问题，美国有近三分之一的儿童和青少年体重过重，甚至达到肥胖程度。台湾也没好到哪里，目前中小学，也已有近四分之一的学生出现体重过重的问题。而我相信，这些问题可以由家长的教养观念、学校老师的营养教育加以修正学童之饮食习惯。从而使学童的体重不要追随美国的脚步直直增加。这也就是这本书所要讲的主题。**因为食物不仅是要吃得好，还要吃得对，这就需要靠营养教育与教养提供家长与孩童的正确观念。**

本书内容丰富，有最新的营养知识，也有各种生活营养常识，更重要的是，点出目前一些常见的营养缺失问题。例如早餐的重要性，也提供了一些不同的东西方早餐的概念。而这也正是因为有多年常住美国学到的西方饮食之经历与之前于台湾担任营养师的经验才能有这样学贯东西的涵养。

白老师的文笔是无可挑剔的，早期的一本《饮食与营养》曾是许多营养学子必看的课外书籍。其间又有数本书问世。而今，本书的出版，我相信又能提供读者更新、更好、更深入的营养知识与教养方式。执笔之际，正好是新的一年，也期望读者能从本书中体会营养、教养的常识。

再多教养书，也比不过全家人一起吃饭

离乡背井的体悟

28年前，当我离开台湾，告别七年半的临床营养工作，心中除了有着许多的不舍，也曾写下简单结语："我对营养工作又爱又恨，爱的是深知营养工作对健康保健的重要，恨的是营养知识的推广困难无比，过程中换来的只有无奈与挫折。"当时台湾的营养工作局限在医疗大楼内，营养师也只能针对慢性病消极地提出饮食控制做延缓病程的工作。那时总是自我嘲解地说："营养是一份工作，而不是生活。"

离乡背井之后，试图摆脱营养专业，转念公共卫生，选修了流行病学，上完第一堂课后，我百感交集，落泪走出教室，因为难过台湾发生许多食品安全的问题，让生活在家乡许许多多的人在不知情中已失去了健康，甚至被美国列为流行病学教学实例。但另一方面也让我体悟到：医疗营养只是营养工作的一小部分，因此我转向预防的基础研究领域。

在摸索过程中，有幸Dr. Ardrey Cross教授建议我应该做与人有关的实际研究，而不是基础医学研究，她建议我转念营养教养，再度让我深思且顿悟到：为什么过去我在营养工作所投入的心力无法见效？因为营养工作应是将营养知识与实际结合的一门生活科学艺术，而营养知识是建立在基础科学、生理学、流行病学和食品科学等许多艰涩的知识上。传统的营养知识传播大都以口述这种教条方式，在短时间内将营养知识倾给大众，一般人不仅无法理解，甚至被商业市场手法误导。然而**营养教育正是经由心理学去了解饮食行为，再以适度的传授策略，运用营养知识促进正确的饮食行为，以确保健康。**有了这体悟，我有幸对营养工作又跨出了另一大步，且找到我专业上真正想要的方向。

实践家专师长们的教诲，让我在婚后选择了一切以家庭为主的理念，陪孩子成长成为我人生的另一个专业。幸运的是，我不仅拥有从事科研的厚道的先生，还拥有两个心地善良、乐于向上、爱好学习的儿子。在伴随他们成长的过程中，我与所有天下的父母有着同样的心理，对下代的期许与努力的目标是培养精英，但一路走来，深深体会到这一切绝不是进名校，获得音乐或科学竞赛奖就可以达到的，更不是培养会考试的机器人。

如何栽培两个优秀的孩子？

还记得在两个孩子获得科学竞赛大奖时，一位记者问我："如何栽培两个优秀的孩子？"这个问题，促使我在孩子进入大学之后，重回校园，将孩子教养、家庭理念、临床营养经验、公共卫生预防医学理念、饮食文化和营养教育结合，便成为我的博士论文。拿到博士学位之后，我期许自己用更生活化的方式，与更多人分享我的营养专业及为人母的一份心。这本书的出现，就是实现我小小心愿的问路石。书中所有的故事都是我家庭生活的隐私，原本不该公之于世，但我希望借着实际的例子，来缩短营养科学知识与生活常识的差距。

尤其现阶段电脑科技的发达，营养科学知识被泛滥地断章取义，再加上市场促销手段，让人无法辨别是非，甚至混淆误导视听。现代人疾病的主要根源大都"病从口入"，然而**维护健康唯一的方法是摄取正确的食物和适当运动**。摄取正确的食物包括心理和生理的层面。生理的层面是食物（不是加工食品）的种类和摄取量；心理的层面建筑在家庭的餐桌上，亲手准备的食物、亲人互动的情感交流、安慰……食物便含有许许多多的意义。现代人的作息乍看是非常忙碌，无法照顾自己和家人，但事实上是时间的分配、管理不当，让人舍弃人生中最重要的健康和亲情。健康和亲情绝不能外包，长期外食只会腐蚀家庭结构、亲情、生活品质、品格教育和健康，甚至瓦解社会和谐的结构。这更是我和家人愿意将家人相处之道与读者分享的原因。

以往，健康和营养资讯都依靠数字定量的结果下结论，却不是依靠定性评估来省思品质，我期许在政府卫生和教育单位对健康和教育有所认知和采取改进策略之前，考量的大前提应是"生活品质及品格"，而不是体重及考试成绩的数字游戏。

依我的专业担保，每一个人都可以很轻松愉快地让自己及家人生活得更健康、更美好，要达到这一目标并不难，只要愿意走进厨房，亲手准备食物，用食物表达对家人和朋友的关心及爱心，即使不说"我爱你"，我们的生活也绝对会充满无尽的、满满的爱和健康。

白小良

2014年11月20日写于纽约市

目 录

PART 01

餐桌，孩子最棒的学习场所

PART 02 优秀孩子的教养关键：好好吃饭

01

餐桌，
孩子最棒的学习场所

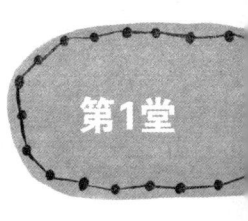
孩子的优秀需要特殊栽培吗?

定居美国28年，在教养两个儿子的成长过程中，我一直在东西文化夹缝中寻找方向，在不全然认同美式教育的环境中，经过挣扎和学习，不断地在取舍之间理出自己的教育方式。

当两个孩子分别在高中最后一年，各赢得了两项美国高中生主要科学竞赛。大儿子入围西门子科学奖（Siemens Competition in Math, Science and Technology）〔注一〕的最后决赛及"英特尔科学奖"（Intel Science Talent Search）半决赛，小儿子获得"西门子科学奖"半决赛及美国小儿脑神经医学会每年只给一名高中生科学奖。结果宣布的当天，记者访问他们的同时，也问及我是如何"栽培"这两个孩子的？当下，我有点愕然不知如何回应"栽培"这么有分量的字眼。记者可能很想听到惊天动地的"虎妈"言论，或者有不为人知的家传秘籍。但对我而言，那不过是如常的事务，一份为人父母的天职。

或许是我的专业使然，我告诉记者的答案是，**必须让孩子拥有正确的饮食，再加上适当的时间规划，以储备足够的本钱，才能让孩子表现出其潜能。**一般来说，中国的父母比较专注于学业考试成果，而我更注重孩子的健康、为人处世及学习的态度。尤其是最近这几年我为他们感到骄傲的并非是他们能跻身美国排名前四的知名大学，而是他们心地善良，知进退，懂得待人处事，更常以老爸、老妈为荣，这一切根源于厨房的爱及餐桌的教养。

1991年6月，我腆着大肚子参加博士资格考试，12月底，大儿子出生，三个月的产假结束，我又回去上班，但因为纽约市很难找到全职的中国保姆，还好，先生从事研究工作，上班时间比较有弹性，我们两人就轮替照顾新生的孩子。

一大早五点多，我带着挤奶器，咬着三明治出门，下午两点多一到家，先生马上递来襁褓中的婴儿，匆匆出门，直到午夜才拖着疲惫的身子返家；盥洗完毕才睡不到几个小时，凌晨四五点又得爬起来照顾小孩，因为我得准备出门上班。

幸好，这种疲于奔命的日子不长，后来我觉得让一个男人这样下去也不是办法。仔细评估，先生赚的钱足以支付家庭开销，因为我赚的钱还要付临时保姆费、上班的置装费，实在不值得，于是我决定辞职，让他专心工作。

我曾盘算辞职的适当时间点，因为哥伦比亚大学必须服务满五年才有退休计划，当时我只差两个月就满五年，在我潇洒地立即卸下职务之前，妹妹曾经不以为然地说："你多等两个月，万一这中间孩子出了什么状况，是你花再多的钱也买不回的呀！"算了，没什么损失，该我的就是我的。20年后，事实证明，我的抉择无误。

✗01 小良妈妈的餐桌哲学：全家幸福关键——母亲

1992年至1998年间，我们住在加州。某天我在电视上看到"百人会"的专访，最让我印象深刻的是，受访的五名杰出华人中，有三位提到一生中最感恩的人是妈妈，其中我还记得有一位是雅虎创办人杨致远。当我看完那次电视专访，我深深体会到孩子的成败与否，**母亲扮演很重要的角色，家庭幸不幸福、生活快不快乐、身心是否健全、送入口中的食物是否正确，都掌握在这个女人手上**。坦白地说，当我不高兴时，全家那天就没好日子过，甚至会以不准备晚饭表示抗议。

孩子不能等父母把钱赚够、不能等我把书念完才去长大。看着同学们功成名就，我曾怨叹自己在家带小孩，而且也曾对孩子说："我因为你们而放弃我的专业。"后来发现这句话对孩子非常不公平，放弃专业是我的选择和决定，不能把责任丢给孩子，企图使他们内疚、知足感恩，这种说法很不健康。

我留在家里陪他们是我的选择，怎能把责任推给他们？后来，我向孩子道歉，并告诉他们："这是妈妈自己的决定，不是刚出生的孩子来决定妈妈的去留。"

Q 养小孩太花钱！但到底该如何安排开支？

一个孩子从出生到18岁，所需的花费超出美国私立大学四年的学费！2014年8月18日美国农业部（Washington, The U.S, Department of Agriculture; USDA）发布养一个孩子从出生之后18年所需的花费是245340美元，包括食物占16%，教育和托儿占18%，供养房子占30%，医疗费占8%，交通费占14%，服装费占6%，其他费用占8%（其中不包括怀孕期及高等教育的费用），其中食物和教育所花费的钱是相当的。但中国的父母着重在教育，却不在食物。

所谓的食物是指真正的农产、海产和家畜食物，而不是耗资在包装上的加工食品。摄取适当的食物，提供身体所需的营养素，以维持正常的生理功能，才能拥有健康。有健康才能接受各种成长、学习、社交、人格及体力上的挑战。

　　"品格第一，健康为首！"父母该好好想想，钱要花在哪些地方啊！

注一：

　　西门子基金会（The Siemens Foundation）于1998年创立"西门子科学奖"（Siemens Competition in Math, Science and Technology），致力于选拔全美最优秀的数学和科学方面的高中学生，每年提供超过700万美元支持科学领域的教育和发展。过去几年里，获得"西门子科学奖"的有很多是华裔。

　　"英特尔科学奖"（Intel Science Talent Search），是针对高中生的科学研究比赛，是许多人心目中的"小诺贝尔奖"。此项由科学与大众协会（Society for Science & the Public，SSP）筹办的竞赛，鼓励学生自己设定研究题目，探索自己好奇的问题。1942年开办时称为"西屋科学奖"，1997年英特尔接手赞助后，始称"英特尔科学奖"。每年5月，举办的"英特尔国际科学展"（Intel International Science and Engineering Fair, Intel ISEF）是全球规模最大，针对高中学生举办的国际性科学赛事，有1500多位进入决赛的学子，一同角逐总额超过400万美元的奖项与奖学金。这些得主中，日后陆续有七位获得诺贝尔科学奖。

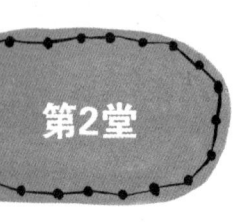

自救自身及家人的健康

今日拜科技之赐，营养保健常识泛滥，而传统营养知识很艰涩，因此许多营养知识与生活之间存在一道很宽的鸿沟，甚至被厂商断章取义，透过市场推销手段，误导大众。营养学课本上的数据与证据，大都来自动物实验、生化实验或流行病学统计，而这些资讯都是片段的，与实际生活有很大的落差，营养师若将所学的知识直接传递，本身没有消化、转换语言，听者等于只听而不懂，反而手足无措。那么念营养教育的人，该如何将这些资讯、观念教给普罗大众呢？

早期营养师的工作仅限于医疗大楼里，服务的对象是得了慢性疾病的人，例如糖尿病、高血压、肾脏病、心血管疾病患者，需要控制饮食才会到医院找营养师。这些人已经生病了，当然可以借助饮食使病情缓慢恶化（像糖尿病和高血压患者若能有效控制饮食，可以改善治疗的效果），但疾病已经发生了，为时已晚。当时我深切地感受到台湾营养工作没有走出医疗大楼，因此想借由写书的方式把营养常识传播出去，在1999年我出版了《家庭营养师》（汉光出版社出版），它就像工具书一样，任何健康方面的问题都可随时翻阅解惑。

现在虽然情况比较好了，营养师的工作从医院走入校园、长期照顾中心等，但不管学校或医院，抑或坊间的减肥或体重管理班，大家强调的还是蛋白质、碳水化合物这些营养素而不是饮食，只是换了一种行销方式，说的仍然是教科书上的东西；而我一再想强调的是预防工作，也就是基础教育。**因为饮食习惯是从小养成的，所以父母教养孩子的态度、父母本身的饮食行为，异常重要！**

以往营养师给人的印象是限制人这个不能吃，那个不能吃，而我一再主张，营养知识是协助我们在享受美食时吃得更健康，而不是拿来与食欲互相抗衡的武器。许多人开口闭口减肥，医疗人员及卫生单位不断呼吁大众体重管理，这一点儿都没错，许多流行病学及医学研究证实肥胖与许多慢性疾病绝对有关，但**解决现代人健康问题不能只用体重数字下降来判断其成效，应该是探讨如何让饮食行为的品质上升，以增进健康的品质**。再者，许多研究也不断证实，年轻女性为了保持身材而采用不正确的方法节食，进而影响心理及生理健康，这更让人忧心：这些年轻的女性是未来的母亲，她们没有正确的饮食行为及观念，将来如何教养下一代？

台湾全民健保及美国的医疗花很多力气来做救人的工作，不知用掉了多少社会资源？这好比有人溺水，人快淹死了，赶快去救人。这是下游的工作。中游的工作是要教人学会游泳，这得花时间去学习自救的动作。而念营养教育的人是在上游，应该教人讨论是谁把人推到河里去，同时让人有不被推入河中的自卫能力。

医疗和营养工作一向都在做下游的工作，人快淹死了才去救人。**食品卫生也一样，毒淀粉、地沟油事件爆发后，才忙着做善后，忽略了追本溯源。试问，这些厂商为何添加这些东西？姑且不论"良心"的问题，站在教育及人道的立场，他们是否知道他们的所作所为祸延世世代代的严重性？**

我一路走来，知道下游的工作很辛苦、成效很差，甚至是零，且常常要耗费庞大的金钱与精力，效益却不彰。

营养工作是一场全民教育，我知道我必须走到上游去，期待这一切能从最小单位的家庭成员开始，从最平凡的餐桌上开始教起。

二十多年前，当我在修营养教育计划第一堂课时看了两则名为"Eat Lean"的公益广告，当时对我造成很大的震撼，那也是我毅然决然走向营养教育及身体力行守护全家人健康的关键。

其中一则广告是有一个太太，她拿着一个平底锅从厨房里走出，她的先生正在客厅看电视、读报纸，太太拿着平底锅试图朝着先生的后脑袋挥下，似乎企图谋杀，下一个画面则是太太慢条斯理地将平底锅内附着许多油的炒蛋和培根放入盘中，接着简洁地问："你是否在无形中谋杀你的家人？"影片充满了希区柯克式电影的悬疑惊悚。

短短十秒钟的影片，让我受到前所未有的震撼，全家人的健康操纵在一个人的手里，放多少油、多少盐，怎么买、怎么煮，那个煮饭掌厨的人是在照顾家人还是谋杀家人？当我攻读营养教育后，自此不断强调家庭餐桌的重要性，这更是日后我会留守家里的重要因素。所以说：**妈妈要先爱自己，才能开心地、更用心地为家人料理健康美味的佳肴。**

✗02 小良妈妈的餐桌哲学：
营养资讯泛滥，生活常识贫缺

小儿子中学时，有一天早上到达学校没多久就打电话回家，很紧张地告诉我，他上厕所时发现尿液中有血。我的第一个反应是请他赶紧去学校医务室，接着我立即打电话给驻校护士。当护士问我，儿子前一天晚上吃了哪些食物时，我才顿时恍然大悟，想起他吃了红色火龙果（和甜菜一样，火龙果肉部分含水溶性天然红色色素，无法在代谢过程中分解，而会经由尿液排出）。我这个营养师妈妈在紧张匆忙之下，又很窘地出了糗。

这让我回想起另一件事，1989年，当我完成公共卫生硕士时，立即在学校附属医院皮肤科找到研究助理的工作。当时研究题目是《维生素A对皮肤癌细胞在紫外线照射下的保护机制》。

我的老板理所当然是一位皮肤专科医生，某天，她满怀疑惑地跑到实验室找我，表情严肃地告诉我，她不知道为什么她的尿液呈鲜黄色，而且有异味。我马上反问她是不是服用了维生素B群，她惊讶地问我怎么会知道？皮肤科医生在美国是各专科医生中的佼佼者，我的老板甚至还拥有营养博士学位，她竟然忘了将课本上所学的知识与日常生活结合。

因为维生素B群呈黄色，是水溶性。当摄取过量的维生素B群（尤其是吞服维生素）多于体内需要量就会由尿液排出，所以尿液会呈现黄色。至于为什么会有异味，是因为大蒜中含有相当丰富的维生素，在蛋白质、糖类及油脂代谢中扮演非常重要的生理代谢辅助因子的角色，所以常被用在提神解疲劳的饮料或补充剂当中。我的老板服用维生素B群，所以尿液呈黄色且有蒜味，是正常的现象。

另外一个例子是大儿子的一位犹太裔老师，他们家很喜欢吃豆腐，有一天，她怯生生地问我："我儿子吃太多豆腐，将来会不会变成同性恋？"我惊讶之余先问她为什么这样想？她答道："因为豆腐是黄豆做的，有女性荷尔蒙……"她的说法并没有错，豆腐有女性荷尔蒙的前驱体，也就是大豆异黄酮素，之所以被称为"植物性女性荷尔蒙"的原因是，大豆异黄酮素的结构与女性荷尔蒙中的动情激素相似。但回到这位老师的问题上，吃豆腐跟同性恋完全无关啊。

近日好友转寄网络上一篇《饮食过于清淡是造成老年痴呆症高发的重要原因》，结语是："如果还爱自己父母的话，红烧肉、东坡肉、梅菜扣肉、红烧元蹄之类的菜每星期至少给老人家吃一次，这样才是真正的孝顺。"这又是一段断章取义，甚至是严重误导的说辞。人体各器官需要各种各样的营养素（蛋白质、油脂、碳水化合物、维生素、矿物质、胆固醇）及水分，而公共卫生流行病学经由调查统计，下了一个疾病预防的总结——摄取过多的动物性脂肪和胆固醇与心脏血管疾病有密切关系。自此，众人谈油或胆固醇即色变，事实上，人体内荷尔蒙及脑神经需要胆固醇作为原料，若饮食中摄取不足，体内肝脏会自行合成。重点应该是：饮食中要适量摄取各种营养素，但绝不是如此误导的结语。

Q 孩子在成长过程中，该补充什么样的维生素呢？

在我从事营养工作三十多年的过程中，经常被要求建议补充哪种维生素。事实上，我和孩子不会经常服用维生素，只有在工作和学业压力突增以及生病时，会服用可靠品牌的综合维生素及维生素B群，以加速恢复。

我也曾在医生在职进修的营养课程中，经常语重心长地告诉医生们，若病人无法让自己好好吃真正的食物，请勿向他们推荐任何维生素。因为维生素是维生素及矿物质的补充剂，本身不能提供人体任何热量，其功能仅仅是协助提供热量的营养素（蛋白质、油脂和碳水化合物）在代谢运转上更好。服用过多的维生素只会让病人的粪便和尿液成为极昂贵的排泄物而已。

我推荐及使用最多的只有维生素B群。从年轻至今，当我有考试、演讲、媒体采访的前一天或感冒，我的嘴角或鼻孔外围经常会出现水疱，医生诊断为疱疹，这会伴随着我一辈子。当我有压力、过度疲劳、身体有状况，甚至包括生理周期，免疫能力下降时，滤过性病毒就会透过疱疹表现出来。当初期症状（隐隐刺痛）出现时，我会立即吞下两粒维生素B群，可以减轻症状甚至缩短症状发生时间；若已有水疱出现，我会再添加维生素C，以促进伤口愈合。

我曾有过一次相当严重的疱疹爆发，是在第二次剖腹产后的第二天，我的眼睛以下，半个脸都冒出疱疹小水疱，疼痛无比。原来美国麻醉医生依美国人的体形计算麻醉剂量，在我生产过程中使用过量麻醉药，而将我的免疫系统整个压抑下去，麻药一退，我的疱疹全现。事隔数年之后，在一次膝盖小手术之前，虽然我不断交代医生麻醉药必须减量，但历史仍重演。自此，我再度将维生素B群的效用贯彻在我的生活及教学当中。当有任何小自牙科麻醉，大至手术麻醉之后，最好立即服用维生素B群，帮助肝脏代谢解毒麻醉药，协助免疫能力提升。

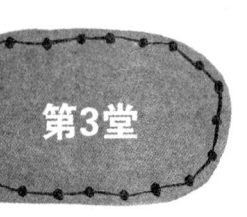

良好亲子沟通的第一步：在餐桌上说爱

在脱离与尿布、奶瓶为伍的日子之后，我们住在曼哈顿的公寓里，空间很小，只有两个房间。为了怕练琴时吵到邻居，钢琴摆在兄弟俩的小房间，所以没有空间再放书桌。而我们家的餐桌很大，长方形八人座，因此一桌多用，除了当餐桌，也同时是孩子的书桌，及我的办公桌，空间足以容纳我们一家四个人同时在餐桌上做事。从此餐桌是家人共同活动的地方，而不是各自在自己的房间。到了孩子上中学时仍在餐桌上做功课，虽然他们会将电脑屏幕转向我看不到的一边，但没关系，至少我们在一起。

餐桌，不仅是吃饭的场所，也是我和孩子谈心的地点，常常上演饭前、饭后两样情。这个情，包括了表情和心情。身为有营养师背景的妈妈，我将专业知识融入生活，透过餐桌表达我对孩子的爱，而我也获得身为一个母亲的最大回馈，那就是孩子拥有一颗善良与感恩的心。

美国有一则报道指出，与许多族裔相较，由于受到传统文化的束缚，华裔家庭较少会将"我爱你"挂在嘴边，正是因为华裔家长对于子女羞于表达，使得亲子之间缺少沟通。华裔很少将爱挂在嘴边，我反驳这不代表着华裔父母对子女的爱比其他族裔少。事实上，华裔更重视亲子教育，只是某些时候，文化传统存在一定的束缚，千万不要让其变成沟通的绊脚石。

我深深地觉得：**爱可以不说，但是表达方式很重要。**

一家人一起吃饭、聊天，是让孩子明白父母的爱的好时机，餐桌是很好的沟通平台。再者，就是需要有良好的沟通方式。例如有些家长在孩子求助时会说："这个我帮不了你。"这不但大大降低孩子日后求助的意愿，更会让家长在孩子心中的形象走下坡。当孩子遇到困难时，家长应该先倾听孩子诉说，试着参与讨论，并且告诉孩子："我虽然帮不了你，但我们能一起想想怎么解决。"或是："我可能没有办法，但可以找人帮你！"这是一种正视问题的态度，且能建立与孩子之间的信任和亲密关系。

当孩子进入青少年时期时，父母一定要视孩子为朋友，尊重他。千万不要把和孩子之间的关系搞坏了，千万不要"伤感情"，否则说再多的"我爱你"，给予再多的关爱，都会是单向给予，只会换来无限的感伤。简单地说，**当孩子步入青少年时，务必让孩子视父母为朋友，为人父母者更得用宛如维护男女朋友关系的心态，制造许许多多的惊喜，付出耐心及爱心，小心经营这份情。**

✗03 小良妈妈的餐桌哲学："尊重彼此"的沟通技巧

　　亲子相处中，最困难的就是"沟通技巧"。我们常说："他应该知道我不高兴。"不讲出来，天底下没有人知道你不高兴。这并不只发生在夫妻或情侣之间，父母和孩子亦然。你对孩子的期许，你希望孩子放假尽可能陪你，而不是跑去跟同学混一天，希望孩子怎么配合……都要讲出口，而不是说："天天往外跑，应该知道我会不高兴。"甚至连孩子忘记你的生日，让你难过的这种心情都要告诉孩子。这是中国的父母普遍欠缺的表达能力。

　　我与孩子一直维持顺畅的沟通渠道，提早告诉孩子，怎么选择、怎么配合，或间接让孩子知道我的计划，而不是等到最后一分钟才告知。父母亲要懂得尊重孩子也是个体，不能以父母的强权高姿态，强迫孩子义务配合。很多人说我的儿子知书达理、很贴心，其实是养成尊重彼此的习惯。

或许因为我在美国没有亲戚，二十多年来，只有我们一家四个人，到哪里都是同进同出，一家四口关系非常亲密，不管出去玩，还是在家里，四个人总要黏在一起。我很幸运，孩子都愿意配合，这也是因为从小我就灌输孩子要把家人摆在第一，除非极具特殊状况，否则与父母的约会永远优先于朋友的约会。

　　例如孩子的生日必须在家和父母过。为什么呢？理由很充分：这个日子是我非常辛苦地生下你，主角是当妈的，是母难日，你不陪我要陪谁？这个理由，让我的两个孩子心悦诚服，直到他们离家上大学才破例。

Q 如何与孩子拉近关系？

试试看：

试着每天对孩子表达以下六个信息：

1. 我相信你。

2. 我相信你能做得到。

3. 我相信你有能力处理得很好。

4. 我认真地听你所说的一切。

5. 我很在乎你的一切。

6. 你对我非常重要。

※建立小孩的自信心，让他能对你敞开心扉。

不能这样说：

"在你这个年龄的时候，我已经……"
※表示你没有敞开心扉倾听孩子想告诉你的话。

为孩子准备料理的背影，是最美的家庭画面

相信我们这辈的人，脑海中都有着令人难以忘怀的一幕：每天早晨，当我们睡眼惺忪时，父母已为我们准备好早餐及中午的饭盒。傍晚，我们回到家门口前，就可以听到或闻到母亲已经开始在准备晚餐；而今，那句流行颇久的广告词"一家烤肉万家香"的景象不复存在，"爸爸回家吃晚饭"的叮咛逐渐被遗忘，因为妈妈也不回家煮晚饭了。

日后，我们外出求学和工作，总会随时怀念起妈妈或祖母亲手做的水饺、粽子或汤圆等等，甚至爸爸的酱油拌面及蛋炒饭。反观我们这一代，是否也让我们的家人及下一代，享有这种无价、温馨的回忆呢？

中国人较为含蓄、拙于表达，不轻易对家人开口说一句关爱的话，然而展现家庭的凝聚力，日积月累就在家里餐桌上筑成，那蕴含着父母许多心血与爱，经过亲手准备的餐点向家里每一位成员传达关爱与讨好。但是，西式速食店的引进、餐厅

45

林立、外食盛行以及食品加工的进步，让现代人在准备三餐上，变了样，也变了心。

由于家庭进餐方式的改变，使得现代家庭结构也发生了变化。二十多年前，我就开始担心中国将慢慢步上美国社会及家庭的悲剧。

在西方国家，凡事追求快速、效率及利益，最具代表性的就是"麦当劳"化的速食，统一化的饮食形态，再加上西方人处处强调个人隐私，许多美国人高中毕业后就独居，白天外出，晚上回到住处，此时的画面就是一个人面对电视，独自享受"一人份"的冷冻微波电视餐（T.V. Dinner）或外卖简餐。最多，身边趴着一只慵懒贪睡的猫或一只比人还壮的狗。

有朝一日，遇到了结婚对象，但婚后不久就不知如何相处，接着可能分居、离婚，独居老人比比皆是，老死在家里没人知道，就算死在医院或老人院，也是孤独地离去。这一切都跟美国推崇的"个人主义"以及家庭饮食形态改变有关，与家庭结构零散有着密切关系。

在这块介于大西洋与太平洋之间的北美洲土地上，或许有着许多美好的事物，例如先进的科技、丰盛的学术环境以及过度的物质享受。但在精神上，这个西方社会早已步入孤独、迷失的困境。虽然，我现在因为家庭和专业重心暂留异乡，但我时时刻刻心系祖国，不希望自己的乡亲走上美国人的这条不归路。

想想，什么是健康的生活？我们希望下一代活得更"健康"吗？若想要让我们的家庭更健康，"走入厨房"是决定性的一步，这跟登陆月球的名言一样，现在的一小步，是孩子将来的一大步。

✗04 小良妈妈的餐桌哲学：穿着围裙的妈妈

无论哪一个年代，当我们念小学的时候，美术课最常被指定的画题是《我的妈妈》，尤其在五月份母亲节的时候。而最常出现的代表画面是穿着围裙的妈妈。

婚前，当我有机会出国旅游，我的嗜好之一就是收集围裙，当时没有理由地喜欢，只觉得它能为简朴家居服加分不少。

婚后，带着孩子回台湾度假的时候，必定会找出一两次的时间，在早晨陪着母亲到传统市场选购新鲜食材，在那儿，同时也观察到在市场上几乎都是银发族。这让我幻想着：周末，年轻人和孩子陪着长辈，提着菜篮一起上传统市场。这是最温馨的一个和谐写照，也让我在刹那间认为对女性而言，**最美、最有意义的服装应该是围裙，最时尚的包是菜篮。**

围裙是一个让人与食物结合的服装。身为营养师，食物是营养专业的一切，但营养师并不穿围裙，而是实验室的白色袍子，似乎无形中将营养常识与日常生活中的食物分割开。

再者，我一直不希望被艰深的专业知识和传统的传播方式限制住，想以推动穿着围裙的妈妈形象再度出现在每一个温馨的家庭、和谐的社会和纯真孩子的心目中，来推动如何吃得更健康。

Q 让饮食指南更落实

无论在欧美、中国、日本，还是许多国家的卫生机构，为了让自己的国民吃得更健康，会根据营养需要量及当地的需求制定"饮食指南"。而我个人更希望能加入下列几点，让我们的饮食指南更易落实。

1. 每天至少一次为自己和家人亲手准备一餐饮食。

2. 每星期至少一次让孩子参与餐点的准备（和孩子一起准备星期一的午餐盒）。

3. 每两星期至少一次让孩子前往市场共同采购新鲜食材。

4. 每一季节至少一次邀请亲朋好友共同品尝自己做的菜

肴，绝不是外带的成品。

　　5. 每一学期至少一次让孩子邀请朋友到家里共餐（让孩子参与菜单设计）。

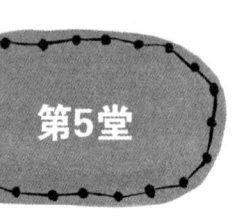

简单事前准备，为孩子健康加分

诚然，很多人会感到力不从心，上班已经够辛苦，还要为三餐烦恼？

但煮饭真的有那么难吗？这样说绝不是因为我营养师的专业而身手矫健，就算我对食物比一般人敏感，但我也有肠枯思竭、变不出花样的窘况。

多数人不愿意下厨的因素之一，其实是缺乏自信心，担心家人不赏光。这时候就要用点心思了！如果可行，我会让孩子进入厨房，跟他们一起讨论菜单，或让他们帮忙准备食材，例如用模具压出小花形状的胡萝卜，当这道菜上桌时，孩子便会感到与有荣焉，主动参与讨论如何改善下次的制作。孩子喜欢并且接受，就是继续参与的动力了。

纯白米饭吃腻了，我会加料变色，例如用豆类和菇类混在饭里，改变视觉和口味，孩子也都蛮喜欢的。对不吃某些菜的孩子，这是很好的方式，例如将胡萝卜丝和米饭一起煮，颜色好看，味道也不差，而且对孩子而言，大人并没骗他去吃不爱的食物，而是让他看得到、愿意吃。

此外，没时间煮饭也是最常听到的原因。依照我个人经验，准备工作最重要，而且要善用工具。做菜最花时间的应该是清洗青菜，我会在前一天晚上准备好，先用沙拉甩水盆将水分甩干后，再放入冰箱，最长可以摆两个礼拜不烂。通常菜会烂除了本身已经夹杂腐烂的部分，再有就是水分残留太多。费时熬煮的高汤，可以使用制冰盒冷冻，这不仅能剔除浮油，下厨的时候，还可以轻松拿出几块来做汤煮菜。

有段时间，我忙到没时间买菜，再加上我住的附近买不到中式或日式食材，只好请朋友买菜时代购一些，通常我不会指定要某些特定的食材，由她们帮我决定。这些朋友来自马来西亚、日本等不同的地方，一开始他们买来的食材有些是我不熟悉的，食材买来后当然就得请教他们如何烹调，所以无形中我已学会四种东南亚的咖喱料理。**朋友之间互相代为采购，不仅可以缓冲忙碌的作息，还可以学习使用更多样化的食材，增加餐桌上的变化，一举数得。**

除此之外，我家经常备有下列食物，以备不时之需。

冷藏必备：洋白菜、大白菜、胡萝卜、番茄、青椒、蛋、葱、盒装豆腐。

冰冻必备： 冷冻鱼片、鸡胸肉、冷冻蔬菜、虾、花枝。

其他： 马铃薯、地瓜、洋葱、干香菇、干木耳、蒜头、姜。

每天用完晚餐后，检视一下第二天的三餐，尤其是早餐，打理哪些须先准备，并且善用器具。事先计划，事先准备，把煮饭当成是每天最重要、最实际的例行公事，这样真的就不太难了。

✗05 小良妈妈的餐桌哲学：为家人准备好每日三餐

依我的经验，如果前一晚把青菜洗好、肉先调味、米洗好放入电饭锅定时，下班回到家只需半小时不到就能搞定晚餐。举个例子，我在前一天晚上先把鸡肉或鲑鱼切成小块（六厘米长、四厘米宽及一厘米半厚），用一点酒、盐和麻油稍微腌过后，在每一块肉上面放一小段葱和姜，用锡箔纸包成一块一份，小包装可以控制分量，届时可视人数决定放进烤箱的份数。下班回家后，我在炒青菜的时候，另一道菜也在烤箱中进行，只需八分钟，就完成两道菜肴。

有一阵子工作很忙，我会在较为空闲的时候将菜肴先料理好，一份一份地真空冷冻。回家时就拿一包解冻食用。

因为我家不用微波炉，所以我会用热水冲一冲再放进烤箱加热，或早上出门前移放置冷藏下层。

通常晚餐我会准备至少三道菜：**含蛋白质较多的肉类或鱼、青菜、半荤半素的料理或者豆制品**，其中会有一道速成的菜，例如番茄炒蛋。另外，我还会考虑颜色、烹调方式（以煮、炒、蒸、烤为主）。至于油炸类料理，偶尔也会出现在我家餐桌上。只要油品新鲜，炸物其实没问题，只是外面的商家考虑成本，不断重复使用回锅油，才让油炸食物被贴上不健康的标签。

至于食材选择，我有三样东西一定会选择有机产品：**牛奶、牛肉和鸡肉**，这三者与荷尔蒙污染有关。此外，还会有至少六种"农药残留最多的十二样蔬果"列表中的蔬果是选择有机的。虽然有机食材的成本比较高，但我的原则是，宁愿少吃，也要好品质，例如原来的预算是买一磅的普通牛肉，但我选择只吃半磅的有机牛肉。

Q 市面的蔬果该如何挑选？

务必注意会有过多农药残留的蔬果。

农药残留最多的十二样蔬果：

苹果、草莓、葡萄、西洋芹、桃子、菠菜、甜椒、进口油桃、小黄瓜、圣女番茄、荷兰豆、马铃薯、红辣椒。

以上蔬果因为农药残留最多，所以最好购买有机种植。

农药残留较少的十二样蔬果：

酪梨（牛油果）、甜玉米、凤梨、洋白菜、豌豆仁、洋葱、芦笋、芒果、木瓜、奇异果、 茄子、葡萄柚、哈密瓜、白花椰菜、地瓜。

以上蔬果因为农药残留较少，所以不需要购买有机的，一般种植即可。

资料来源：

USDA（2014），Pesticide Data Program: Annual Summary, Calendar Year 2012（U.S. Department of Agriculture, February 2014）.

Environmental Working Group's 2014 Shopper's Guide to Pesticides in Produce（2014）.

品德教养，从餐桌上开始

01
餐桌，
孩子最棒的学习场所

02
优秀孩子的教养关键：
好好吃饭

03
餐桌上，
看见家人的笑容

附录 后记
拉近亲子关系小笔记

我的父亲从商，当年他在美军顾问团的福利社经营美容院和理发厅，后来我们在天母也开了自己的店面，雇用的员工有一二十人，家里虽有厨师，但母亲仍须张罗全部人的伙食，但每次我都得挨饿一阵子才能上桌。

"我是老板的女儿，为什么不能先吃饭？"年幼的我愤愤不平。

"你年纪小，又没在工作，当然是让工作的人先吃。"母亲笑着解释。

"这样我都是吃人家剩下来的……"我有点委屈地说。

"我们有能力给别人一碗饭吃，比伸手向别人要一碗饭来得有福气。"母亲慈爱地摸摸我的头。

我的母亲来自贫穷的家庭，那一辈的人经历战争，生活艰困。当年我的外婆在帮佣，每次母亲去看我外婆时，想要吃点什么，都得趁主人不在偷偷吃。生活环境改善之后，我的母亲总是宁愿给别人，也不愿向别人要，她也经常灌输我施比受更有福的观念，到现在她已经80岁了，仍宁可自己省吃俭用也要想办法帮助别人。

小时候不理解母亲的话，直到我到了美国纽约，看见街上的流浪汉才深深体悟。在台湾从没见过流浪汉的我，在家饿了就有饭吃，大学尚未毕业就在马偕医院当营养师，每天得品尝各种食物，根本不用烦恼温饱问题。直到我身处异乡，必须确保三餐有着落时才明白当年母亲在餐桌上的谆谆教诲，那年我32岁。

我的父亲是山东人。山东人最擅长做面食，因此他希望我们也都能有好手艺。每次做包子、水饺，我总是被分派去剁葱、剁姜、剁蒜。父亲常常由菜刀发出的声音听出来我很不情愿，他看穿我的心思，因此曾在厨房里对我说："你是山东人的女儿，如果不会做水饺，将会是我此生最丢脸的事。"他认为，一个女孩子不会做饭，嫁出去会让父母颜面无光。当时年纪小，不觉得有什么了不起，直到踏入社会、结婚成家，才逐渐印证女人持家的影响力。

在那个年代，纵使父母的教育程度不高，忙于生计也不知如何教养孩子，在资源有限的条件下，他们更会想方设法让饮食变得可口，连锅巴也都能做成点心。我还记得母亲常用面粉和鸡蛋加牛奶，做成很像现在流行的西式松饼，没学过营养学的她，也能给予孩子均衡营养，实在很奇妙。

此外，我们家餐桌上的规矩很多，例如爸爸还没动筷子之前，我们绝对不能碰任何食物；当我们吃饱时，一定要等父亲吃饱起身离席，我们才能离开；爸爸吃完一碗饭时，不可以问"还要不要饭"，应该说"还要不要盛饭"，任何简单的用词都要注意；夹菜一定夹眼前的那一盘；桌上的转盘在转之前要先看是否有人正要伸筷子；当你要夹起盘里的最后一块食物时，一定要先问还有没有人要吃，这是对在座的人的尊重。

诸如此类，父母对我的品格教育及餐桌礼仪，我也一样传承教育我的孩子。餐桌上的言谈举止，充分表达一个人的教养，此人的身份地位更可以从用餐行为上看出端倪。

✗06 小良妈妈的餐桌哲学：训练孩子的餐桌礼仪

以前大儿子吃饭的时候，常有人觉得他是不是有问题，因为他吃饭时不太讲话；小儿子也曾被问及是否从小拿筷子用餐时被打过？不然怎么可以用筷子用得这么优雅准确？但其实对两个孩子而言，都是很自然的，他们不懂为什么旁人会拿出来讨论。我曾问孩子："妈妈在餐桌上会不会管得太多？"两个儿子的反应都很正面，他们觉得这是必要的。

因为我自己不是百分之百熟悉西式用餐礼仪，所以在我们移居纽约市不久，我便送兄弟俩去纽约第五大道知名的The Plaza Hotel学习西餐礼仪，三次的课程包括中午简餐、下午茶和正式晚餐的用餐礼仪。早期西餐用餐礼仪的训练很严格，除了餐具使用顺序与方法，还要求姿势要挺直端正。他们会在腋下夹着两本书练习，用餐过程中，书本绝不可以掉下。

事实上，由餐桌礼仪就能看出一个人的教养和内涵。

我常跟孩子讲："你们将来有多大的成就我不在乎（当然表面是这样说，真不在乎也是骗人的），但是你们在餐桌上的礼仪就是代表妈妈，我只要求你们，将来不要被别人嫌弃说，你妈妈是怎么教你的？"

食物，是沟通的好桥梁

01 餐桌，孩子最棒的学习场所

由于父亲经商，有很多朋友，所以时常需要交际应酬。在我的记忆中，父亲不管在外应酬到多晚，回到家都还要吃母亲做的夜宵。

02 优秀孩子的教养关键：好好吃饭

那时我觉得父亲非常大男子主义，后来才知道，那对父亲而言，是家的温暖感觉，回到家他可以放松心情享用即使是一碗简单的面条。

母亲是台湾人，结婚后学会做很多面食，而且手艺非常好，因此母亲制作的面食不但是我家公认的招牌美食，亦可代表父亲出生地——山东。

03 餐桌上，看见家人的笑容

她与父亲之间，鲜少出现卿卿我我的言词，但两人大部分的相处与交流都是在厨房。

附录 后记，拉近亲子关系小笔记

母亲总是很用心地做每一道菜、每一份面食，拿捏着是不是要加一点糖、滴几滴麻油、倒点酒……放些什么东西会让食物的味道更好？对母亲而言，或许可套用那句俗话："要抓住男人的心，先抓住男人的胃。"不过，更深层的意义是，食物是她与山东丈夫的沟通媒介，是替代语言。出身背景不同的两人，透过食物打开话题，借由烹饪永结同心。

1985年父亲过世后，有一次我邀请好友到家里吃饭，极力推荐母亲的面食手艺，母亲也答应为我们制作佳肴。但我进厨房时无意中发现，母亲一边揉面团，一边擦拭眼角的泪水。那一刻，我忽然明白，母亲努力要将面食做好的心，是从她和父亲共有的时光一点一滴养起，是母亲对家庭的爱让她成为父亲的骄傲。

直到自己也当了母亲，更能深刻地了解到，母亲在厨房里煮出一道道佳肴的用心与爱心。

日后，我也常**用美味菜肴当作亲子沟通的桥梁**。当我把成品放在餐桌上，孩子欣喜地凑上前问："今天有什么？"他的第一反应、那一刹那的笑容，就是给父母最好的回报。

如果恰逢孩子遇到挫折、有压力，最好的补偿时刻也是在餐桌上，而不是让孩子躲进房间关起门，断绝交流的空间与视线。餐桌上，千万别问不愉快的事，孩子通常也不会讲，不如把话题放在食物上，问问："好不好吃？""喜不喜欢？"不管大人或小孩，肚子饿的时候心情都不好，我一定等孩子吃饱了，心情放松了再探究原因。"今天是不是学校发生什么事？

你要告诉我吗？"如果他还是不说，我会等收拾完餐桌后，会再补充问："我觉得你有事情耶，你要现在告诉我，还是我们到房间讲？"

如果在家里的餐桌谈判无效，我会借助外面的餐桌。在家里通常比较容易吵架，但在餐厅就不能乱吼乱叫，这也是为什么我会带儿子到图书馆辅导他数学一样，在那样的环境会自我克制，母子都不容易发火。

例如要谈心里的事情时，我会单独找哥哥或弟弟出去吃饭，孩子会觉得你在乎他，愿意花钱带他出去享受；若遇到兄弟两人吵架，我同样比照办理，就是要让孩子觉得我理解他的立场，但回家后我会要求他们找对方沟通，然后再来告诉我结论，甚至有时候我会让两个孩子一起去餐厅吃饭，回来再告诉我他俩的结语或想法。

用食物做善意的沟通，中外亦然。我们刚搬到南加州时，街坊邻居欢迎我们的方式即是送来他们自制的烘焙点心。而我也常开玩笑说，和先生发生不愉快时，太太的抗议方法就是不煮饭，无须多言，这就表示我火大了；过两天投降时，也不用讲出口，就是如常下厨罢了。

餐桌上的食物真是超越言语，充满了各种可能性的沟通利器！

✗07 小良妈妈的餐桌哲学：
在餐桌上学会当一个善解人意的人

每次回台湾在妈妈家吃饭时，我都会提醒孩子，如果他们觉得东西好吃，一定要跟外婆或煮饭的阿姨说"谢谢"或说"这很好吃，我很喜欢"，间接学习用食物表达感恩。而我也会提醒孩子，当吃到难吃的食物时，要表达的是我"不习惯或不喜欢"，而非那个食物"不好吃"。一方面尊重别人，或许在场有人喜欢吃，或许烹调者用心良苦；一方面也表示纯属个人好恶，无关食物本身。

厨房的经济学：做菜也能学到时间管理与金钱管理

　　煮饭可以训练一个人的金钱管理和时间管理的能力？没错！在走进厨房之前，就要先思考如何在有限的预算内吃得既健康又美味？如何在一小时内准备好餐桌上的佳肴？尤其职业妇女，更是分秒必争。

　　通常我从准备到完成只需45分钟，如果事先准备充分，甚至20分钟就完工，这是我在实践家专念书时所受的训练。

　　当年，我们一组六个人，按照烹饪课老师给的食谱，在规定的时间内做好菜，这是平日训练；而期末考试采用实际操作之外还有笔试，考题很务实，例如在一个预算的费用下，设计六人份的菜单，需用多少时间准备和完成？必须将这些顺序巨细靡遗写出来，包括腌制、熬汤、收拾等步骤，全部要用文字表达。

当年，我不能理解为什么做菜要用笔试，后来我才体会到这是很关键的训练，至今我仍受用无穷。然而，这不仅用在厨房里，我也经常告诉两个孩子，**一个人是否能成功，最重要的在于时间管理和金钱管理**。老天对大家非常公平，每个人每天都是24小时，凭什么有些人能够比别人做更多的事呢？

以我的早晨为例，因为孩子喜欢带寿司当午餐，当我计划要做寿司或饭团时的那天，前一天晚上，我会洗好米，预约煮饭，早上起床第一件事先用醋粉拌饭、煎蛋皮，等待这些食材降温的时间，则是我洗澡和吹整头发的时段；当我梳理完毕进厨房，先开始制作寿司，听见孩子起床的盥洗声时，我手上的午餐便当已经完工，接着做家人的早餐，前前后后不超过一个小时。

我也曾单独包办百人派对。第一次是在大儿子一岁之前，由于工作关系，我们从纽约搬到西岸，南加州的居住环境空间很大，我们宴请了120位客人，从策划到执行，所有的餐点都是我一个人打理；后来两个孩子在中学和高中各举办两次毕业演奏会，也都是我一手包办。几十个甚至上百人的简单餐点，对我来讲都不是问题，这一切都源于完善的事前准备工作，以及有效运用每个制作环节的时间。

至于金钱管理方面，在健康安全的原则下，采买食材唯一要拿捏的是单价较高的有机食材，例如奶类和肉类。偶尔

（在预算中）我也会买高级食材，在餐桌上展现惊喜，犒赏味蕾。

✗08 小良妈妈的餐桌哲学：让孩子学会时间管理

我非常重视孩子的时间管理能力，这也是我让他们学音乐的原因之一。不管多忙，他们每天都必须练习一个钟头的钢琴、拉一个半钟头的小提琴，这跟吃饭、睡觉、洗澡一样，是每天的例行公事，即使上了高中，课业繁重，依然如此。大儿子今年大学毕业之后只闲了一个半月，立即有工作面试，其中就被问到从事科学研究的人必须在同一时间内做很多事情（Multitask），他如何面对这个挑战？他不慌不忙地对五位面试员，陈述从小他的日常作息如何在同一时间内做很多事情。他的回答换来一句无价赞美的话："你的父母把你教养得很好。"这应该是所有天下父母最欣慰的回馈吧！

因为我们家空间小，钢琴放在卧室，兄弟俩在我煮饭时，一个练钢琴、一个练小提琴，晚饭之后，两人交换房间继续练，一定是练完琴才去做功课，若当天晚上真没办法练琴，那也要在翌日早晨补足时数。而若外出度假，则是带着小提琴在旅馆练习。

有一次，我们要去朋友家，前一晚，我告知小儿子，隔日上午9点要抵达。出发那日的凌晨5点，我隐约听见小提琴声，起床察看，原来是弟弟在练琴。

"你怎么一大早在练琴呢？"我睡眼惺忪地问。

"妈妈，是你告诉我，今天我们9点钟要到阿姨家。从我们家开车去，要花两个钟头，吃早餐和盥洗需半个小时，我写作业至少也要半个小时，所以，我要现在练琴才能准时。"儿子条理分明地解释。

"你可以带着小提琴去阿姨家练呀？"我有点心疼他牺牲睡眠，主动提出建议。

"我才不要，我要把这些事情都做完，这样才能尽情玩乐。"儿子理直气壮地说。我听了备感欣慰，小学生的他已懂得如何掌控运用自己的时间，当妈妈的我未来能少操点心了。

爱自己，才能更爱家人

当妈妈的怕浪费，常常吃下家人不吃的食物。我偶尔会买日本料理店顶级的食材红甘鲹来犒赏味蕾，因为此鱼不便宜，所以我都是买鱼下巴来烤，而每次孩子都只吃肉不吃皮，鱼皮都进到我的肚子里，直到有一天，我才知道自己收食剩菜的习性，反而让家人误以为是个人偏好。

那日，我们夫妻参加朋友的宴会，餐点中有高档的红甘鲹，与会人士同样只吃鱼肉，留下一盘子的鱼皮，当主人要收起盘子时，我身旁这位敦厚的先生连忙制止："不要收，我们家太太喜欢吃鱼皮。"当场我傻眼，事后我跟家人表示："我并不爱吃鱼皮，只是我舍不得丢掉。"

鱼皮并不难吃，但重点不在于我爱吃，是我舍不得丢弃。实际上，当父母在"捡菜尾"时，也要**清楚表达不是爱吃，而是珍惜食物、不要浪费**。否则孩子会觉得理所当然，好的都挑走了，不好的都留给妈妈。而我发现美国的父母比较看得开，孩子不吃就不吃了，他们绝不会吃孩子剩下的食物。

外食自助餐的餐桌上也是珍惜食物教育机会的好地点。我会告诉孩子，没吃过想尝试可以，但第一次只取用一点点，宁愿多跑几趟，也不要吃不完推给妈妈。

所以说：**妈妈要先爱自己，勇于表达清楚，才能开心地、更用心地为家人料理健康美味的佳肴。**

✕09 小良妈妈的餐桌哲学：拒绝的方法

两个孩子把不想吃的食物推到我面前的方式迥异，这也代表两个孩子不同的个性，难怪有人常说，老二比老大好养好带，除了因为父母的经验值高了，事实上是经常被修正的老大在无形中成为弟弟的前车之鉴，后者能闪就闪、能躲就躲。

"妈妈，这我不喜欢，我不要吃了，给你。"哥哥把食物推向我，央求又强求似的。

"我让你不要拿那么多，你还拿，拿了之后是我倒霉，还叫我吃，我又不是垃圾桶！"我没好气地说。

"妈妈，这是我特地留给你的，你试试看，真的不错！"弟弟把其实是他不想吃的食物推向我，且面露喜悦之情。

"……"听这番话、看这张脸，我能骂人吗？

顾好情绪，让管教不失序

　　两个孩子和我夫妇俩都是极为平凡的人，这一路走来，并不是如此平顺，当然有数不清的疲累、无力、灰心，甚至绝望。

　　在陪伴孩子成长的二十多年里，我的心情经常像搭乘云霄飞车，高低起伏的落差很大。当孩子一个极小的表现被他人否定或批评时，我的情绪就会瞬间跌到谷底，而且常常处于谷底，甚至不断自责，问自己做错了什么？

　　养育孩子的过程没有规则和方向可遵循，就好比在大海中战战兢兢地摸索方向。为什么孩子会让我们觉得疲惫、无力、灰心呢？这个答案很简单：因为**孩子的作息和行为没有与大人配合，没有达到父母所想象与期待的那样，所以会有负面情绪出现，也就是挫折是父母自找的。**父母都望子成龙、望女成凤，很容易转嫁自己的希望成为对孩子的期待，有期待就有失望。我们必须学会给孩子成长的时间和空间，尊重孩子，别忘了自己也曾是个什么都不懂的孩子和青少年。

父母也必须耐心等待，因为在短短的几年内，绝对看不到成果，需要耐心等待20年甚至更久，父母教养孩子的成绩单才会确切地被评分。小时候即使有天资，也不代表孩子将来就可以成为一个全方位的人，成长过程中需要许多关注、支撑、修剪和阳光。

最初，当有挫折出现时，我总希望与先生沟通，企求从中得到彼此都认同的面对问题的方法，但最后总是无果而终。因为男女性别及成长环境的迥异，以致思考和价值观不同。在两个孩子的成长过程中，我俩生活中许多不愉快都是来自教养孩子的观念上有很大的差异。

我和先生都在台湾出生、成长。虽说身为台湾人有着一份谦卑的美德，遇事先反省自责，其实这对教导孩子如何面对问题上是种负面的态度。我常坚持一点："就因为他是孩子，所以孩子需要父母的引导，而不完全是从'跌倒了才知道痛'中学习。"而我最排斥的一句话就是："我小的时候如何如何……孩子为什么永远长不大，不听话？"这就像是在我的教养成绩单上打了不及格的评分，甚至像是被打了一巴掌。

为了减少夫妻间的不愉快，我选择了独自承担，寻找解决问题的方法，通常在我很清楚自我分析该如何处理时，才会将最后阶段告知先生，如此也可减少一些"挫折中的挫折"。

尤其兄弟俩在学音乐的过程中，极少得到老师的肯定，甚至被音乐学校其他家长不友善地批评。当时我没做好的一点是：我不断对自己的孩子失去信心，认为他俩是扶不起的阿斗。在挫折中，我四处请教资优生的父母，他们的孩子是如何练琴、准备考试的？这些父母给我的答案通常是他们从不管孩子，任由孩子自由发挥。我好生羡慕别人家孩子乖巧聪明，也只好告诉自己：天才不在我家。但很多年之后我才明白，十之八九的资优生是他们的父母挖空心思塑造出来的。

当时，在没有发现实情的情况下，我唯一做对的是：无论遇到多大的挫折，从未放弃过孩子，不断寻找协助他俩的方法。套一句俗话："天底下没有丑女人，只有懒女人。"我想说："天底下没有笨孩子，只有懒孩子。"所以我不容许自己变成懒女人，孩子不能变成懒孩子，我必须时时刻刻、软硬兼施地默默督促他们，这是我的职责，无人可以取代。

因为事事求好，因为期待他人尊重我，因此孩子的表现便与我的"家庭作业"有没有尽心尽力画上等号。自我施加压力下，造成情绪大幅震荡，事实上与孩子无关，是我自己的面子问题。

在教养孩子的过程中，我也领会到一些减少挫折的小秘诀：若父母的体力好、睡眠够，就比较有耐性配合孩子的需求，享受孩子的童稚表现；否则就会烦躁，不仅自己生气伤身，孩子也莫名地受到牵连。所以如果时间允许，睡个午觉是相当不错的！

此外，身为父母要永远相信孩子是纯真的、是善良的。我不喜欢给孩子定下"自私或自我"的罪名，就算孩子有此倾向，也是不自觉，**父母必须就事论事，教导孩子正确的态度，而不是轻易地下评断。**没有一个人不犯错，小时候历经挫折或犯错，是成长的必经过程，但在过程中父母绝不能纵容。孩子犯了错，父母应陪着孩子勇于承认且积极面对、解决。

最重要的是：**要让孩子信任父母。**在孩子的成长过程中，要让孩子觉得父母是可以依靠和信任的。在协助孩子面对错误时，第一时间，孩子不一定会说实话，理由很简单，"担心被骂或被处罚"。所以父母可以声明在先："在帮助你解决和面对问题之前，我必须知道事情真相，不能有任何不实，那不仅会恶化事情，更无法真正解决问题。"

这就是心理学家所说的："教养孩子，父母必须采用权威性（Authoritative）态度。也就是有原则，**原则的执行要有弹性，耐心沟通，依个别差异引导孩子，了解孩子生理及心理的需求，给予协助指引。**"

✕10 小良妈妈的餐桌哲学：
和孩子站在一起

在孩子很小的时候，对妈妈来说是体力战，上了中学之后是心力的挑战。当我两个孩子还小的时候，我除了整理偌大的房子和庭院、准备三餐之外，就是陪孩子，所以我都会陪孩子午睡，以养精蓄锐。一向惯于忙碌的我，在搂着两个孩子睡午觉的同时体悟到，身为女人拥有许多特权，其中之一就是我可以选择留在家里陪孩子睡午觉，享有如此奢侈的特权，是多么幸福啊！

另外，要分享大儿子小学三年级发生的一件事。当大儿子小学三年级第二学期时，一天，我到学校接他下课，得知他被班老师留下谈话。原因是老师说在这一学年结束之前会与家长分享开学至今的成果，所以每位学生都有一份作品档案夹，而他的档案夹是空的。我情急之下，不假思索地问老师，可以让孩子在家里补做吗？老师非常不友善且毫无商量余地地拒绝。我无助地带着孩子离开学校，一回到家，我失控地责问孩子："上课的时候你在做什么？为什么你的档案夹是空的？"儿子理直气壮地回答："我做了所有老师指定的作业，但我不知道为什么作业不在我的档案夹里。"看着孩子无奈的表情，直觉告诉我，孩子没有骗我。这时我才冷

01
餐桌，
孩子最棒的学习场所

02
优秀孩子的教养关键：
好好吃饭

03
餐桌上，
看见家人的笑容

附录
后记，
拉近亲子关系小笔记

静下来，在心中质疑这位老师，若孩子九个月来的作业都没做，为什么现在才发现？

成果展示会当天，我和先生出席了，也事先和先生取得共识，不论孩子的档案夹里有什么，都不能批评，必须站在孩子这一边。我们到了教室后，原以为档案夹内会空空如也，却看到了一份厚厚的资料！我庆幸自己没有错怪孩子，也没有拆穿老师的失误，因为老师也是凡人，也会有疏忽。记得那天我们开心地分享孩子学习的成果，并且明确地告诉孩子："今后不论发生什么事，我永远和你站在一起。"

吃团圆饭，分享食物对家人长辈的祝福

农历新年是每个孩子最期待的节日，也是父母给孩子传授良好传统最佳的时刻，其中包括说好话、长幼有序、除旧迎新。

年夜饭之后，长辈会发给红包也就是压岁钱，有互讨吉利、祈求平安的意思。所以对孩子而言，拿红包是农历春节的重头戏。两个孩子在小学的时候，为了要让兄弟俩对中华文化有所认同，除了半强迫地在周末送他们去中文学校学中文之外，还把握每个能到日常上课的美国学校的机会，与他们的同学分享中华文化、习俗，其中我除了帮每位小朋友将名字翻译成中文，且刻成图章送给他们，教他们写书法、画国画、剪纸之外，还分享特殊节日的食物及习俗，其中以农历年最受欢迎。小学时每年过节我都会先征求老师同意，再发给全班每位同学一个红包，有的小朋友竟然回家告诉他们的父母，希望自己也能过新年，感受年节的氛围。而适度让孩子自己管理红包，也会让孩子有空间学习理财。

让孩子参与过年之前大扫除，是一种学习自我整理和分担家务的机会。有一位美国教授每年新年的第一天与家人都不出门，除了全家人共同以欢喜的心迎接新的一年，同时不接电话，全家人一起规划、讨论新的一年所有计划，包括度假、个人生活的规划，以及家庭重要日子的活动。我认为这是一个非常棒的家庭活动，这也成为新年早晨我们家的第一课。

新年期间，不论发生什么事，都必须说正面的吉祥好话，例如打破东西也得说岁岁平安，我非常喜欢这种凡事正面的态度。

农历春节有许多与食物相关的典故，在台湾大都依据谐音讨吉利、好运，例如"长年菜"代表长寿、"菜头"代表好彩头、"凤梨"代表好运旺来、"元宵"则有财源广进的意思。"年糕"年年高升，"菜头糕"好的开始，"发糕"发财高升，"橘子"吉祥，"花生""水饺"取于元宝形状，"全鸡"象征全家福（"鸡"与"家"谐音），吃鱼丸、虾丸、肉丸，乃指"三元及第"之意（即状元、会元、解元）。长年菜北部吃的是芥菜，南部是菠菜，过年吃长年菜的习俗，希望求得一年的平安，添福添寿。换言之，**让孩子在年节的时候，经由食物讨吉利传袭我们的饮食文化，不妨在合家**

吃年夜饭的时候和孩子分享这些经由食物对家人及长辈的吉祥祝福。

╳11 小良妈妈的餐桌哲学：年节饮食小知识

过年期间很容易因为大鱼大肉、年糕、甜点，以致摄取过量的蛋白质、油脂、淀粉、糖和盐，而纤维量摄取不足。我主张什么都可以吃，而且要以享受美食细嚼慢咽的心情合家团圆，只需记得适量、选用种类多和颜色多的新鲜食材为大原则，在犹豫是否还可以多吃下一口的时候最好停下来，那表示已经吃够身体所需要的食物。

主菜当中，丰盛的猪、鸡、鸭肉很容易摄取过量的蛋白质和油脂，尤其是皮的部分，油脂量较高，须酌量，不妨多准备凤梨和木瓜帮助蛋白质消化。传统习俗之一，餐桌上的鱼头和鱼尾不能吃，表示"年年有余"，但为了鼓励家人多吃鱼以取代其他动物性肉类，我会准备两尾鱼，过年夜吃一尾，另一尾留到新年过后，更有放慢脚步的含义，象征"年年有余"。

甜点和零食除了糖和油脂的含量会有偏高的倾向，盐的含量也容易超量，例如海苔脆片、瓜子和各种坚果等。

01 餐桌，孩子最棒的学习场所

02 优秀孩子的教养关键：好好吃饭

03 餐桌上，看见家人的笑容

附录 后记，拉近亲子关系小笔记

在过年的时候很容易饮用含糖量高的饮料（例如：可乐、汽水），最好以饮用茶或水为主，水杯中可以加上切薄片的柠檬、橘子、小黄瓜，或用一罐浓缩橘子汁加上1000毫升苏打水混合来取代一般碳酸饮料，如此可以减少糖的摄取。孩子都会非常兴奋地参与准备年夜饭或宴会的饮料。

　　新年期间是放松身心的最佳时机，也是能专心、放慢脚步和孩子及家人交流的时候，因为没有日常工作及学校课业的压力。这更是一个良好的机会摄取大量蔬菜水果，减少调味料及放松心情的时机，来调整生理，排除体内废物或毒素，这好比一辆车子在一定里程数之后需要换机油保养。我不是个全素食者，但会不定期实行全素一星期。健康心理学家常用星期一鼓励大众改变健康行为，其用意是星期一在一周当中是有心改变任意不良日常行为最好的一天，根据此理论证据纽约的健康营养专家推动星期一少肉多蔬果的活动The Monday Campaigns-Meatless Monday，也是之后台湾推动"周一无肉日"。所以在丰盛的年夜饭之后，大年初一素食[注二]，我个人认为这是自我健康行为调适最好的一天。在吃得健康之外，不要忘了维持健康非常重要的另一环节——运动，建议经常出席我的演讲会，在投资任何运动器材或健身房之前，最好先投资一双好的运动鞋，所以新年新气象，现代人已不缺新衣帽，让自己和家人各拥有维护健康不可缺的运动鞋。唯有运动可以燃烧体内脂肪，同时排掉长年累积在体内脂肪里的脂溶性有害物质。

守岁在民间含有祈求父母长寿之意，身处异乡的我们无法真正地守岁，因为第二天得上班或上课，最多聊天到12点，聊的内容也都是与孩子分享我们在台湾过农历新年的情景及习俗，吃点象征元宝的蔬菜饺子，拿着红包互相祝福来年更好之后，各自回房。

年前总会有许多忘年会的聚餐，站在体重管理的原则上，赴宴前最好在自己家里多吃点蔬菜豆荚类，因为饿过头很容易暴饮暴食，外出聚餐很难掌握用餐时间及口味。事实上，聚餐是个社交活动，而不是大吃大喝。

注二：

素食：健康的素食内容除了牛奶和蛋之外，还有各式各样新鲜的蔬菜、五谷类、豆荚类、坚果、种子、水果等植物性食物，但不是加工且添加过多调味品的黄豆和面筋制品，例如豆干、油豆包、素鸡、素鸭等等。尤其是面筋制品在消化吸收上极差，甚至很容易引发肠壁发炎、过敏的现象。

02

优秀孩子的教养关键：
好好吃饭

胖不是天生的：了解孩子吃什么

01 餐桌，孩子最棒的学习场所

02 优秀孩子的教养关键：好好吃饭

03 餐桌上，看见家人的笑容

附录 后记，拉近亲子关系小笔记

2014年9月，我在美国学术期刊上发表了一份研究报告[注三]，主要分析纽约市华裔家长的教育饮食方式对于孩童体重的影响。许多族裔都以为大部分华裔家长就像虎妈一样，事事严加管教。其实不然，在饮食习惯方面，华裔家长几乎是放牛吃草。我的研究结果显示，西化程度较高的华裔家长，甚至倾向放任态度，给予太多自由，孩子想要吃什么都行。然而，孩子毕竟是孩子，他们需要父母的带领，适度的约束以及教育，培养正确的饮食习惯与行为，这是获得健康非常重要的关键。

问及华裔家长平常怎么处理孩子的饮食，最常听到的回答是"没什么限制""随便吃什么""只要有东西吃，愿意吃东西就行了""吃饭皇帝大，不能干涉""美国的食物都很营养，不需要担心"……正因为父母什么都不管，所以孩子摄取过多的单糖及油脂类食物，尤其中国人常食用米饭、面食和各式甜点、含糖饮料，再加上运动量过少，长时间坐在书桌、电脑及电视机屏幕前，导致体重破表。

一项经由审查家长和儿童病历资料的大型回顾性世代研究，结果显示父母有体重肥胖的现象，会影响两岁到十岁的儿童，也就是家庭环境中，父母自身的饮食行为是导致儿童肥胖的一个重要因素。父母不仅提供遗传基因，在生理成长、人格发展和社交能力各方面，也都扮演着举足轻重的角色。当父母塑造一个家庭环境的同时，也塑造了孩子对食物的偏好、热量的摄取和饮食行为。

根据统计数据，美国有近三分之一的儿童和青少年体重过重，甚至达到肥胖程度，这不仅是健康与教育的问题，甚至已威胁到国家安全，因为15年后，约有四分之一的年轻人，将因为超重或肥胖而无法入伍保家卫国。

根据董氏基金会的调查报告，台湾平均每四个小学生，就有一个体重过重或肥胖，并以每年约1%的比例增加。而过往在成人期才会出现的慢性病，肥胖儿童的病患人数也逐年增加。

让为人父母者最胆战心惊的说法是："若不尽早预防，将来全世界有数以百万计的儿童因肥胖[注四]而引发慢性病，他们将来的平均寿命将会短于父母这一辈，约减少五年到十年。"而台湾每年的十大死亡原因中，有七种疾病（恶性肿瘤、心脏病及心脑血管疾病、糖尿病、高血压、肾脏疾病、慢性肝病和肝硬化以及骨质疏松）和饮食有关（表一）。为什么以前没有这个问题，而现在有？原因之一是现代人摄取真正的食物太少，而吃入无法计算的加工品，因而连带影响到下一代的健康状态。

虽然听起来有点耸动，但就像纪录片《不愿面对的真相》令人忧心。我们常说，家教家教，孩子的饮食习惯也深受父母亲的影响，让什么东西进到孩子的肚子里，父母亲担任守门人（gate keeper）的角色，就算外食也不是给了孩子餐费就完事，父母有必要花点时间了解孩子究竟吃了哪些东西。

儿童肥胖的原因很多，但最普遍的就是：摄取过剩的热量和运动量不足。孩子摄取过剩的热量，却不见得营养状况良好，因为现代人吃的不是食物。不要让孩子处于饥饿、口渴状态，因为饥饿、口渴会让人倾向以甜食和含糖饮料解除因饥饿而导致的低血糖现象，而在短时间内摄取多余热量。若孩子有不断想吃东西的现象，很可能是蛋白质摄取量不足，而碳水化合物摄取量偏高，不妨评估蛋白质的质与量是否足够。因为食物中含有适量蛋白质会让孩子比较耐饿，而碳水化合物很容易让血糖起伏幅度较大，而让人易产生饥饿感。最重要、最根本的方法是：必须让孩子真正地认识食物，认同食物，否则纯真的孩子是无法抵抗来自加工食品的诱惑的。

此外，摄取过剩的热量与外食频繁和进餐时间不适息息相关。外食不仅是让孩子摄取了许多不明的成分，更严重的是餐厅为了让食物口感好，大都添加多量的油、糖及各种含钠盐量极高的调味品。**进餐时间不适也与肥胖有着密切关系，尤其是绝对不能忽视早餐的品质；而晚餐时间不宜太晚（睡觉前至少三小时不要进食），烹调以清淡为主，否则会影响睡眠品质。**

表一：不同地区华人十大死亡原因

地区	中国台湾（2013）	中国香港（2013）	中国大陆（2012）	美国亚裔（2010）
第一位	恶性肿瘤	恶性肿瘤	恶性肿瘤	恶性肿瘤
第二位	心脏疾病	糖尿病	心脏疾病	心脏疾病
第三位	心血管疾病	肺炎	心血管疾病	中风
第四位	糖尿病	心脏疾病	呼吸道疾病	意外事故
第五位	肺炎	心血管疾病	意外伤害及中毒	糖尿病
第六位	事故伤害	慢性下呼吸道疾病	内分泌、营养及代谢疾病	流感和肺炎
第七位	慢性下呼吸道疾病	意外事故	消化道疾病	慢性下呼吸道疾病
第八位	高血压性疾病	肾炎、肾病症候群及肾病变	神经系统疾病	肾炎、肾病症候群及肾病变
第九位	慢性肝病和肝硬化	老年痴呆症	泌尿生殖系统疾病	老年痴呆症
第十位	肾炎、肾病症候群及肾病变	败血症	传染性疾病	自杀

注：台湾地区根据2014年9月4日卫生福利部门新闻稿。

✗12 小良妈妈的餐桌哲学：了解孩子在外饮食状况

临床上，我经常遇到不知孩子为何肥胖的家长。有一次，来了一名八岁的女孩，这位美国爸爸说，医生诊断孩子有肥胖的问题，需要会诊营养师。

"孩子平常三餐各吃些什么？"我问这位美国爸爸。他看起来身材中等，孩子应不会是遗传性肥胖。

"她说她什么都没吃！怎么可能胖成这样？"美国爸爸很挫折也很气急败坏地提高音调，身旁的女儿低着头不敢吭声。

我心想，体重增加不可能没吃任何东西，而且现在气氛极差。于是，我请这位爸爸暂时回避，让我单独和女孩聊聊。

"你的爸爸现在不在场，你可不可以诚实地告诉我，早上离开家之后，你通常做些什么事和吃了什么东西？这绝对不是对与错，我需要你的帮助，否则我无法找出体重上升的问题所在。"女孩这才开口吐露实情，原来她一早到了学校就人来疯，抓紧时间跟同学玩，学校提供的早餐都没吃，丢进垃圾桶，到了上午10点钟左右肚子饿了，就去贩卖机买可乐和薯片。大部分的同学也跟她一样，到了中午又吃不下正餐，又忙着玩。日复一日。

贩卖机里的食品，基本上大都是含糖极高的饮料及饼干，当孩子肚子饿时，表示血糖已经过低，此时喝含糖饮料是帮助血糖上升最快的方法，但上得快也就下得快，所以容易造成肥胖甚至于躁动。

因为，摄取食物15分钟到30钟之后（依不同类型的食物及蛋白质或油脂是否同时存在而异），血糖（血液中葡萄糖浓度，正常范围70毫克／100毫升至120毫克／100毫升）开始上升，血糖是唯一提供脑部热量的主要来源，单糖的摄取可以让血糖在15分钟内上升，同时也会在短时间内再度下降。

过多的血糖原则上会经由胰岛素的协助，以有限的肝糖贮存在肌肉及肝脏中，以备维持正常的血糖浓度，但过量时则进一步以体脂肪形式贮存。

食物由口腔到大肠所需的时间依摄取的食物种类而异，例如，摄取较多蔬菜、水果和全谷类，也就是含饮食纤维量多的食物，其所需的时间较短。当然还有其他影响因素，大致上，胃中50%的食物在少于一小时的时间内进入小肠，整个胃的排空，大约需要两小时。其后小肠的50%排空也需要一小时至两小时，所以整个由口腔到大肠的过程需要12小时到50小时，换句话说，个别差异很大。

开始进食之后15分钟，血糖开始上升，当然这也和摄取的食物种类和量有关，大约在进食后30分钟到45分钟，血糖会上升到最高点。而在三小时到四小时左右，血糖浓度又回降到最低点，此时又是想吃东西的时候（以提升血糖浓度）。摄取的食物若含有较丰富的油脂或蛋白质，其消化排空的速度较慢，同时血糖浓度上升及下降的速度较缓慢、平稳。

换言之，不要忽略细嚼慢咽的重要，每餐的进餐时间不可少于15分钟，除了真正享受食物的美味，让血糖浓度告诉自己的生理系统，已经吃够了，这样就不会摄取过量。

Q 你是属于哪一种教养的父母？

依据父母对孩子的支持认同及掌控的程度来归纳父母教养的型态，可分为四种类型：放任、权威、漠视和专制。许多心理学和营养健康方面的研究显示，来自放任型和漠视型的父母教养形态，孩子出现肥胖的比例超出其他教养形态。2013年，我曾对1000名美国纽约地区华裔五岁到十岁学童父母进行问卷调查（此研究已发表在国际学术期刊[注三]），结果显示，22.6%的孩子有体重过重和肥胖的现象，其中有肥胖问题的孩子超出半数来自放任型的父母。换言之，孩子仍然是孩子，身为父母，必须在孩子成长及饮食行为上给予一定的规范。而心理学上也不断证实，权威型的父母教养态度让孩子在学习成效、人格成长、社会适应能力以及饮食行为上，都较为正面积极。一般来说，中国父母的教养型态被许多族裔定位为专制型，也就是所谓的虎妈型。许多的研究证据已告诉我们：**为人父母不妨朝着权威形态去努力，可以让我们此生精心打造出来的下一代更积极和健康。而所谓权威式的教养形态，父母在掌控一定规范之下，需要经过巧妙的沟通，高度肯定、支持孩子的思维、选择和决定。**

　　知名的育儿学家Barbara Coloroso用实物来比喻父母对子女教养形态：专制型好比一道砖墙（Brick wall），一切掌控在父母手中；漠视型和放任型好比水母（Jellyfish），软无规范；权威型好比脊柱骨干（Backbone），让孩子有时间去成长他的脊椎，成为可以支撑他人生的骨干。

父母教养的类型与孩子肥胖的关系图

放任型

非常支持、信任和认同孩子，
但极少规则，而不监控。
"我相信你会做对的事。"

权威型

非常支持孩子，同时
密切监控，并设定规则。
"我在乎你，我会给你应该有
的自由；但是为了安全起见，
你会照我的话去做。"

支持

漠视型

规矩极少，不监控，
并只提供一点点支持。
"孩子就是孩子，你会从
你的错误中吸取教训。"

专制型

设定许多规则，
并密切监控，
但提供很少的支持。
"你照我说的去做。"

掌控

注三：

★ Pai, H.L. and Contento, I.（2014），"Parental perceptions, feeding practices, feeding styles, and level of acculturation of Chinese Americans in relation to their school-age child's weight status", Appetite 80, 174–182.

注四：

在医学上，所谓"肥胖症"是指"体内的脂肪贮存过多"，大致上可分为两种类型："脂肪细胞增殖型"和"脂肪细胞肥大型"。小孩肥胖属于前者，而且有七成概率会延伸到成年，父母不可不慎，千万别把孩子养出脂肪细胞增殖，因为变多要比变大更难恢复正常。

肥胖症的两种类型：

1. 脂肪细胞增殖型

脂肪细胞的数目增殖，为正常的三倍至五倍。通常有肥胖症的人，十之八九是属于此一类型，造成的原因并不很明确，通常有家族遗传倾向。人的一生当中，1岁至4岁、7岁至11岁以及青春期，较容易引起脂肪细胞的增生。在这个时期肥胖的小孩，有百分之70%可能会持续到成年期还是肥胖，因此，此种肥胖大都在早期发生。脂肪匀称地分布在四肢和躯干。而体重下降，是基于脂肪细胞中的脂肪及水分含量下降，绝不可能是脂肪细胞数目减少，因此，此类型的肥胖，就很难恢复至平均理想体重。

2. 脂肪细胞肥大型

成人以后，体内的脂肪细胞数目固定，此类肥胖的脂肪细胞数目正常，但脂肪细胞体积肥大，以致贮存的脂肪过多。因此，脂肪细胞肥大型大都发生在成年之后及怀孕时期，或是因其他疾病诱发而成，例如，甲状腺机能低下、糖尿病、高脂血症等。此类型肥胖，脂肪的堆积大都集中在躯干上，例如腹部、臀部、三角肌以及后上颈部。一旦施行减肥，脂肪细胞缩小，就会瘦下来，较脂肪细胞增殖类型肥胖容易改善或控制。

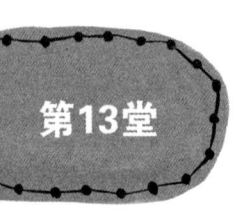

帮孩子带爱心便当吧！

回台湾时，我搭捷运经过明德站，远远地我从窗户就能望见附近一所中学校舍大楼墙上的标语："品德第一、健康为首"，接着映入眼帘的是在许多老公寓水泥墙面上的广告，多半是标榜用最快的速度、最少的钱、最短的时间把××学好。试问，时下为人父母者，会锁定哪一种标语？我想，多数父母还是最重视学业成绩吧！

人们对金钱的价值观、对时间的价值观，一直在转变，你可以决定把时间花在哪里，是在家人的健康上，还是跟朋友线上聊天？根据调查发现，台湾人平均每天花八个小时左右看电视，使用笔记本电脑及智能手机，而且智慧型手机使用的时数，已名列世界第一，高达197分钟，比全球的平均时间还多出55分钟。那么一天只花一个钟头在全家人的晚餐上，应该一点儿都不奢侈吧？

这又让我想起有一次搭捷运，无意间听到两位约莫三十岁的上班族女性的对话。

"每天早餐我都去××买，生意太好，都要排队等。"

"我不喜欢那家早餐，人一多就做得很匆忙，蛋饼都煎不成脆脆的。"

"中学时，我妈妈好厉害，每天还帮我送便当到学校，我都吃光光。"

"小卖部的东西很难吃，但还是想花钱去买，就想要跟别人一样，好呆哟。"

或许小时候没感觉，长大了就懂得感恩。然而，为什么年轻妈妈们不肯再替下一代做便当了呢？既然我们会感念当年妈妈准备的便当，不也该传承下去吗？

我了解双薪家庭的父母分身乏术，天天带便当诚然是一项艰巨的任务，但可以从一周由家中带一天便当开始。我建议最好选择星期一，因为周末有充分的时间准备。再者，**可以和孩子讨论隔天午餐的内容，让他们有参与感，除非想制造惊喜，保密菜单，不然，这确实是增进亲子关系的绝佳时光。**

我强力鼓励父母帮孩子准备带午餐的饭盒，同时也对营养午餐颇不以为然，为什么要集体订便当呢？大家都吃得一样，反而让孩子没有了选择。当然，从某种角度来看，这是一项福利与便利。而我站在营养师的立场，忧心的是孩子根本不懂选择食物、不认识食物了，他们不晓得为什么要吃，以为只是肚子饿，要吃饱而已。曾经也有父母反驳，不想让自己的孩子和别人不一样，我的想法是为什么需要吃一样的饭菜，穿一样的衣服，难道不想表现自己的特质吗?

✗13 小良妈妈的餐桌哲学：炒饭的学问

有一天，哥哥中午用餐的时候，朋友不经意地问了一句："你今天的便当是爸爸还是妈妈为你准备的?"他回答说："一看就可以知道这炒饭绝对是我爸爸做的。"朋友反问他怎么知道，他的理由是："我妈妈炒出来的饭绝不会像这样有一半的饭粒是白色的，一半是酱油色，黑白相间，而且炒出来的蛋绝不会是一大块。"知母莫若子!

炒饭虽是一道最家常、最不起眼的餐点，但要留意不要添加过多的油和调味品。其实炒饭是最容易包括多种类食材及色彩丰富的均衡饮食原则的一道料理。所以我会在忙碌的时候多准备一些糙米饭，将剩余的糙米饭放在冷冻库或冷藏，需要时加上鸡丁或熏鲑鱼、蛋、胡萝卜、笋丁、葱、香菇、青椒和冷冻的豌豆，就成为一道含八九种食物、色香味俱全的餐点。炒饭要好吃有两点秘诀：使用隔夜剩饭，在加入事先炒好的材料之前，必须将冷饭加点鸡汤把饭焖透，再拌炒均匀。

不要用食物勉强孩子

餐桌上常出现的景象是，妈妈端着碗、拿着汤匙哄孩子吃饭："乖，快吃！"

孩子紧闭双唇、转头不理，沮丧的妈妈没耐心了，把汤匙抵住孩子的嘴巴："吃呀，不吃怎么长大呢？"

孩子依旧顽强，双方僵持不下，最后妈妈恼羞成怒："不吃吗？好，那就不要玩玩具了！"

孩子哇哇大哭，母子不欢而散。

大部分的父母不相信孩子已经吃够，许多研究证明两岁到五岁是孩子建立饮食习惯非常重要的阶段，事实上，在这个年龄层的孩子可以自我调节身体的需要。但是大部分的父母会替孩子决定需要吃多少，甚至担心孩子吃不够或不相信孩子吃够了，进而强迫进食。

如此一来，不但有碍亲子关系，还会破坏孩子原本具有的

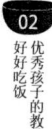

自我调节能力，以至于将来不能真正了解或认知到为什么需要吃东西；尤其当孩子离开父母的视线时，会很容易受他人或外在大环境的影响，例如广告或朋友。

一个孩子学习什么时候该吃东西、该吃多少、需要吃些什么食物，这些习惯养成受到家庭文化的信念、态度、食物存在的周遭环境和烹调方法的影响。**父母不仅提供孩子的日常饮食，而且还通过父母自身的饮食态度、用餐时的行为，无形中都成为孩子的榜样。**

为人父母的责任和义务是养育，这包括喂养和教育。在动物自然界不也如此？草原上的母狮子把小狮子哺育长大，面授机宜，教导猎物技巧。人类当然更精进，更有智慧，父母提供食物且是饮食习惯的守护者，在给予照顾养育的同时，还须以身作则，成为孩子的典范。

生存的本能是进食，教养孩子的基地就在餐桌上。父母对孩子的喂养方法直接影响孩子的饮食模式，而且涉及父母提供与选择哪些食物给孩子，有多频繁、吃多少，通常父母自己本身的经验会影响对待孩子的饮食行为，其中包括限制、监控和强迫进食。父母经常使用这些方法的组合，以获得自身预期的成效。

通常，父母会限制不健康的食品，强迫吃健康的食物，然而，孩子的本能反应是，愈限制就愈想吃，愈强迫就愈不愿意吃。结果，总被限制不准吃不健康食品的孩子反而会发胖，被强迫摄取健康食物的孩子反而显瘦。

我想强调的是，为人父母有责任和义务提供孩子正确适当的饮食，但不能够替他们决定该吃多少。当然，对饮食的偏好跟个性有关，有些孩子一出生不吃肉或不吃菜。我家小儿子就是一个例子，上中学之前，凡肉类、鱼类的动物性食品（尤其是汉堡肉）一概不喜欢吃，我也不知道为什么，但长大之后就改变了，或许因为我的餐桌上一定有肉、鱼、蔬菜各类食物，孩子见大人、哥哥和同学都吃得津津有味，他也就不排斥了。

换言之，父母是否具有适当的饮食习惯，例如摄食足量的蔬菜水果，蔬菜水果是否很容易在日常生活中取得，这些都会直接影响孩子的饮食行为。

小孩很精明，好吃的食物不可能不吃，有时候是因为大人的情绪问题，确实不是每样东西都好吃；有时是分量问题，煮得太多不想剩，要求小孩吃光，没吃完心里不好受，等等。下回，记得控制分量，通常量少感觉上会好吃些。

相信孩子已经吃够、吃饱的信息，许多父母仍踟蹰不前；不过，重要的是在餐桌上，**父母必须用规矩来约束他，不要用食物来奖励和惩罚，当成交换的条件。**例如把青菜吃下去就给你糖果，如果没吃就不给玩具等等的惩戒说辞，这会让孩子不了解为何需要进食。举个不好的例子，其中麦当劳的儿童餐（Happy meal），以往，买餐附玩具，孩子们都为了玩具而要求购买甚至不得不吃完不健康的餐，所以在不久前，美国终于禁止如此的行销方法，不准再用玩具诱惑孩子。再者，日本糖果盒内附上无法预知的玩具。用甜点、糖果当作奖励的手段会误导孩子，认为这些东西是好的表征，希望父母能把持住原则。

试着换个方式说明："在餐桌上是一天当中我们一家人唯一坐在一起，共同的时间，等我们都吃完才能离开餐桌。"尤其对小孩，更要说明："食物是拿来吃的，是让身体更强壮，不是拿来玩的，你可以不吃，但要坐着等我们吃完哟。"

究竟什么时候才算吃饱？什么叫过量？当你要再夹菜时，而会犹豫该不该再吃这一口，此刻就不要吃了。西方文化一切都是数字量化，例如人体需要摄取多少热量（卡路里），中国人则凭感觉，例如讲七分饱、八分饱，也就是要相信自己的感觉，进而自我节制，可吃可不吃时，就不要吃。由于人的饱食反应来自血糖，血糖降低时，脑袋会告知饿了，吃饱的感觉也是上升的血糖知会大脑的饱食中枢；但若吃得太快，血糖还没来得及上升，告诉脑袋吃饱了，那就会过量超载。

再者，了解口腔对食物的味道和质地的反应，包括甜、酸、苦、咸、柔软滑腻、耐嚼和酥脆等等。其中，甜味最受欢迎，苦味最不受青睐。孩子不喜欢吃某类食物，很可能是记忆中曾经尝到苦或酸味。

父母如何引导孩子养成良好的饮食及健康习惯，并没有什么秘诀，需要以身作则，做到下列几点：

1. 提供足量的蔬菜、水果及全谷类食物。

2. 提供足量的低脂或无脂的牛奶及奶制品。

3. 选择瘦肉、家禽肉、鱼和豆类作为蛋白质的来源。

4. 给予合理的分量，不要过多，更不要强迫吃完预定分量。

5. 鼓励家庭中的每一位成员多喝水。

6. 限制含糖或甜味饮料。

7. 减少含糖和脂肪高的点心。

8. 鼓励家人增加身体活动量，可以增加骨骼强度，降低血压，释放精神压力，增加自信心，维持理想体重。

9. 减少坐在屏幕（电脑、电视、手机）前的时间。

10. 细嚼慢咽，不得狼吞虎咽。

很重要的一点是：每天做一点小小的改变，对家人的健康会有深远的影响。

✗14 小良妈妈的餐桌哲学：
吃错一次，永生难忘

一朝被蛇咬，十年怕井绳。已经大学毕业的大儿子，至今仍对醋耿耿于怀。他两三岁大回台湾时，有一次我们带他去鼎泰丰吃小笼包，妹妹的儿子见桌上有一瓶乌醋，就骗大儿子，那是可乐，儿子不疑，喝下一大口，随即变脸，吐了一桌。自此，他不愿意吃醋，也不喝可乐了。

事隔多年，高中时又有一次回台湾，天气很热，大儿子出去打完球，回到家匆忙之下开冰箱，随手拿了一瓶饮料，没看清楚就往嘴里倒，喝了马上吐出来且尖叫："妈妈，我快死掉了！"哥哥哀号呼喊着。

"你喝的什么？我看看。"我很奇怪，放在冰箱里的东西怎么会让儿子变成这个样子？仔细看那一瓶饮料，原来是苹果醋。

"又是醋？"哥哥几乎要昏厥过去，重现早年对醋的恐惧经验。

"这就是不好好学中文的影响之一，只看到有苹果图片在瓶上，就当成苹果汁喝。"我揶揄他不识字，看不懂也要先问一下吧。现在的他，任何食品拿在手上，一定先详读食品说明书。

认识真食物，为孩子健康把关

我在台湾的演讲对象，有时候是小学里的营养师。演讲时我一定强调要让孩子认识食物，不管学校还是家里，都要试着帮孩子种一些可以食用的植物，例如季节蔬菜、茎蔓生植物（如小黄瓜、丝瓜之类），空间有限则可栽植小番茄、豆芽菜等。

营养教育要回到根本，不是灌输教科书上的营养单位与分量，必须让孩子对食物有认同，知道这个东西从哪里来，为什么要吃？怎么吃、怎么得到？番茄长出来是什么样子？小黄瓜为什么是绿色而不是黄色？帮助孩子认识真的食物，而非认识加工过的产品。欧美国家的营养教育是从菜园开始，让学生在校园空地上或盆栽，或种植简单的蔬果。我记得台湾的小学自然课，也会培育豆芽菜。

我们要帮助孩子有能力去判断是否吃对东西，有三个步

骤：**第一，要提供正确知识（Knowledge）；第二，建立饮食态度（Attitude）；最后才能改变行为（Behavior）。**

我在选修营养教育设计课程时必须外出实习，面对那些经常以外食为主的孩子们，我教导他们如何选择食物。即便我使用五大类食物的精彩图卡，也没有一个孩子听得懂，所以我以具体的例子，具象实际呈现，并用孩子生活中熟悉的红绿灯标示当作指标，绿灯是常常可以吃的，黄灯是要留心偶尔吃的，红灯是停止食用。

例如马铃薯，有烤的马铃薯、炸的马铃薯以及加工的薯片，我让小朋友选择哪个是红灯、黄灯与绿灯，并由他们自己告诉我为什么。然后我会说明，烤马铃薯没有加工过，所以是绿灯；不加盐的炸马铃薯条其原料仍是马铃薯，多了油炸，所以要小心；而薯片则含有高量的油和盐，摆在货架上的时间很长，一定添加了防腐剂，所以绝对是红灯。

另外，我也让孩子亲手操作，以橘子、橘子汁、橘子汽水为例。橘子是绿灯；少了纤维质的橘子汁是黄灯；而红灯是橘子汽水，实际上跟橘子一点儿关系都没有，全部是糖和人工色素及香料。

接着，我让学生自己做橘子汽水。首先拿两个透明杯子，先倒一杯芬达汽水，请学生看食品标签，说出有多少糖，孩子尖叫着："哇，有13茶匙的糖！"然后在另一个杯子里，让学生放入13茶匙的糖，加上苏打水搅一搅，再滴两滴人工色素和香料。这两杯一模一样的汽水，我问学生："有谁要喝吗？"现场没有一个人吭声。

橘子汽水和橘子两者其实无关，孩子们可能认为薯片内有马铃薯，但他们不清楚前者营养价值已经完全变调。所以我们希望孩子具备判断能力，那么他们外食时会知道该选择什么样的东西，不再以人工味道为主要选择标准，含高热量却没有营养价值。

✗15 小良妈妈的餐桌哲学：教孩子选对食物

以同一原料制成不同营养价值的产品来举例，试试看！

这样做可以让孩子更清楚如何选择食物！

绿灯	黄灯	红灯
烤马铃薯	薯条（不加盐、高油）	马铃薯片（高油、高盐）
橘子	橘子汁（去除纤维）	橘子汽水（没有橘子，只是人工色素、香料及大量的糖）
葡萄	葡萄果酱（高糖）	葡萄饮料（没有葡萄，只是人工色素、香料及大量的糖）
糙米饭或多谷米	白米饭（胚芽部分含丰富维生素B群及纤维都被去除）	炒饭、油饭（高油、高盐）
全麦面包	白土司（缺乏纤维）	法式土司（高油、高糖）
低脂或脱脂奶	巧克力奶（高糖）	冰激凌（高油、高糖）
苹果	苹果酱（纤维减少）	苹果汁（缺乏纤维、高糖）
洋葱	洋葱圈（高油）	洋葱汤（高奶油、面粉）
烤鸡肉	炸鸡（高油）	鸡块（非真正的鸡肉）
新鲜肉	过度烹调及调味的红烧肉	肉干
红豆	加糖红豆汤	红豆沙
水煮蛋或荷包蛋	卤蛋	皮蛋、咸蛋

看懂食品营养成分标示，当孩子的营养师

某日，我和一位正在减肥的朋友聊天，他信誓旦旦地说："我现在喝的牛奶从全脂牛奶降到只有2%的低脂牛奶。"身为营养师的我，可以感觉到他认为全脂就是含脂量百分之百，所以忍不住向他解释，所谓全脂并不是百分之百的意思，全脂牛奶的脂肪含量为3.25%到4%，2%低脂奶和全脂奶其实只差一点点。我建议下次买牛奶时看一下食品营养成分标示，比较一下低脂奶和全脂奶甚至脱脂奶的差异。

许多国家的有关卫生单位，为了让大众知道自己由嘴巴吃进了一些什么东西，是否安全，所以严格规定要标示四大类信息：

1. 营养成分：尤其是饮食中摄取过多饱和脂肪酸、反式脂肪、糖和钠盐这四种营养成分，或纤维摄取不足，在流行病学上不断被证实，这五项对人体健康会有极大的负面影响。

2. 使用原料：尤其是有食物过敏或因为健康状态必须限制某些食物的人，绝对要详细核对使用原料。

3. 强化营养素预防效用（非医疗效用）宣称：除了纤维、钙、维生素D、叶酸、脂肪、大豆蛋白之外不得使用，例如：

（1）钙、维生素D和骨质疏松症。

（2）饮食脂肪与癌症。

（3）钠与高血压。

（4）饮食饱和脂肪酸及胆固醇与冠状心脏病和心脏病的风险。

（5）含纤维谷物、水果、蔬菜与癌症。

（6）含有纤维水果、蔬菜和谷物制品，特别是可溶性饮食纤维。

（7）纤维与冠状心脏病风险。

（8）水果、蔬菜与癌症。

（9）叶酸与神经管缺陷。

（10）碳水化合物、甜味剂和蛀牙。

（11）可溶性纤维与冠状心脏病的风险。

（12）大豆蛋白与冠状动脉心脏病的风险。

（13）植物甾醇、甾烷醇酯和冠状动脉心脏病的风险。

4. 制造及有效日期。

阅读食品营养成分标示上的明细，可以帮助我们厘清营养

迷思，避免掉进商业操作的黑洞。现在资讯泛滥，很多营养知识在加工和保健食品市场学上被滥用，例如广告提醒上班族："因为外食过多，所以有脂肪肝……"至此，信息正确尚可接受，但接着又说，所以你需要什么、什么东西，这显然是在误导民众。

在美国有一家墨西哥食物连锁店（Taco Bell），很久以前，他们的广告代言人是一位篮球明星，实际尺寸的人形海报放在店门口，他歪着头，敞开双手摆出欢迎光临的模样，试图创造一种"只要吃了他们的食物，就可以像篮球明星"一样的形象，来吸引顾客。还好，大儿子见到后反倒望而却步："妈妈，我不要吃这个，吃了以后脖子会变成这样歪歪的。"商人大概没料到孩子看的角度不一样。

广告对孩子的无形影响力真的非常大，商人每年不惜巨资投注在食品广告上，正是冲着孩子的单纯与无知，这种外来的强大力量，常常让父母招架不住，必须时刻以正面的态度教导孩子正确的饮食观念。

另外，购买任何标榜"低油"的健康食品，请记得阅读食品营养成分标示上的含糖量。低油一定有很多糖，反之亦然，低糖就有很多的油，糖和油二者一定要互补，否则做不出好吃的东西，尤其是蛋糕烘焙类的食品。糖果没油会很硬，所以像牛轧糖这类软糖，一定有很多油；各种不同比例成分的巧克力要比较，最不好的就是白巧克力，因为根本不含可可粉，只有油和糖。

许多人认为蜂蜜比较好，但别忘了，蜂蜜也是糖；电视广告说果糖健康，说穿了果糖也是糖。在营养学上并没有某一种糖比另一种好的说法，以蜂蜜和白糖为例，一杯白糖具有751卡热量，而一杯蜂蜜具有992卡热量以及极少量的钾、钙、磷。蜂蜜中即使含钾，也需5杯的量才达到每日饮食建议量；所含的钙需要12.5杯、磷需要16.5杯才达每日饮食建议量。除了黑糖含有丰富的铁之外，所有糖都只能供给人体热量，蜂蜜、白糖、砂糖或果糖并没有什么不同。

水果所含的糖，并不比糖果中的糖来得好。只是水果中所含的糖是果糖、蔗糖和葡萄糖的混合体，而某些水果（例如橘子、香瓜类和水蜜桃）主要是含蔗糖。站在营养与保健的立场来看，吃水果的好处除了含有的糖较一般甜食少很多之外，最重要的是水果含有丰富的维生素、矿物质和纤维，与水果中含有哪些种类的糖无关。事实上，以重量来比较，水果所含热量比一般白糖和蜂蜜少很多，大部分水果所含的热量是糖的18%至20%，甚至更少。而且人体只能利用葡萄糖，不论什么糖，在利用之前都得转换成葡萄糖。

坊间可见有些婴幼儿奶粉标示"不含蔗糖"，意思是奶粉的糖不是添加进去，是原本存在的乳糖。食物里自然存在的糖比添加的好，例如鲜奶不添加糖，但巧克力牛奶的甜味是添加的；饮料类添加的糖更多也更不健康，例如一铝罐的可乐或汽水，含有10茶匙的糖，相当于160卡热量。虽然喝一瓶可乐的热量相当于一杯脱脂牛奶，但牛奶含丰富的蛋白质及钙，这些营养素是可乐所没有的。另外，为了增加风味和甜味，最普遍被使用的是高果糖玉米糖浆，因为高果糖玉米糖浆价钱便宜，性质稳定，不会沉淀，目前已有许多研究都证明它跟心脏血管疾病有关。食品中含有高果糖玉米糖浆一定要敬而远之。

　　但若真想吃甜食怎么办呢？有时，我们夫妻俩吃完晚饭仍觉嘴馋，但上了年纪又不敢乱吃，担心买来的糕饼类含油量太高，这时我会选用天然食物，例如烤地瓜。

　　夏天小孩最爱喝冰沙，小儿子想出一种妙方，他会在晚上先把水果洗干净放到冷冻库，隔天下课回家时，把冻成冰的水果用果汁机打成冰沙，这款天然饮料也甜蜜蜜的，而且非常安全。台湾的水果丰富多样，品质优良，得天独厚的条件，何不让孩子喝自己制作的水果冰沙呢？另外，我也常用干燥机做水果干，坚守孩子吃天然食物的原则，毕竟喜爱吃零食是很多人的习惯，父母为了满足孩子的欲望，总要想方设法保住健康，而且一点儿都不难。

　　那么怎样的食物才是有营养的食物呢？**所谓有营养的食物**

就是含有任何一种或以上营养素（如蛋白质、油脂、碳水化合物、维生素和矿物质）的食物，而不是加工食品。然而，没有任何单一的食物可以提供身体生理上所有的需要，所以三餐饮食中摄取的食物种类和颜色愈多，愈能获得身体所需的各种营养素。我建议每个人在一天的饮食内容上摄取32种或一餐中至少10种食物。大部分人听到这个建议的第一个反应是："怎么可能！"事实上却很容易达到，只要花点心思就可以由颜色丰富的蔬菜和丰富的种类达到营养均衡。而所谓食物是指真正的食材，例如蔬菜、水果、鱼、肉、蛋、奶、五谷类，这些都无须营养成分标示。换言之，营养标示仅附加在加工食品上，而新鲜食物并不需要营养标示。

在选择加工食品时，除必须知道营养成分标示之外，加工食品包装上还有成分标示，以选择不超过使用五种原料的加工食品比较好。而购买加工食品之前判读营养标示，是每个人对自己的健康应该做的功课。

✕ 16 小良妈妈的餐桌哲学：营养标示这样看

　　我和孩子一起逛超市时，他们难免也会受广告或朋友影响，要求买某种没吃过的零食。基本上，任何东西只要没有已经被证实有害处的添加物，例如反式脂肪、高果糖玉米糖浆、某些人工色素等，我都会让孩子买来试吃，这并不是在鼓励他，因为在儿童心理学上，愈去限制的食物，孩子愈想要吃，不如就让他试一试，不仅是尊重孩子的选择，同时让他接触品尝之后，经过讨论，训练孩子对人与事的辨识能力。

　　重点是可以尽量买小包装，觉得不好吃可以丢，或者吃完就算了。通常，孩子试了多半都不爱。这时我就会问："为什么不喜欢？"他们会反映太咸或太甜、人工味太重，此时可顺便教孩子看食品营养成分标示，然后我会再问："下次还要不要买？"孩子回答："当然不要，根本不像广告里讲的那么好吃。"

　　孩子上了大学一样会受广告和朋友的影响，只是换了迷恋的对象。美国大学生流行喝蛋白粉长肌肉，大儿子受同侪影响，也跟着喝，具有营养专业背景的我当然很反对，摄取过量的蛋白质会对肾脏造成不必要的负担，但我提出的任何专业说明都无效，唯一能解释的是因为我是他的妈妈，与专业无关，最后我只能利用网络上的消息来劝说。

"你知道这些助长肌肉的蛋白粉从哪里来吗？"我先埋下伏笔问。

"我主修生物化学的，当然知道。"哥哥自信满满地回答我。

"可是我看到一则网络上的消息说，不法商人会使用鸡毛和鸭毛去磨成粉。你主修生物的，当然知道这些也都含蛋白质成分哟！"我轻描淡写地说。

"真的假的？"哥哥的脸垮下来。

"哪天你要是长出鸡毛或鸭毛，别怪我没告诉你哟。"我转过头去，一副无所谓不在乎的表情。

从此，大儿子再也不敢把钱花在这无谓的产品上了。小儿子则是看我一直对哥哥耳提面命，他上了大学之后，是同学之中唯一不敢碰这类产品的人。面对小孩，我常须放下营养师的身段，讲学理通常会少了亲和力，但面对成人就非得举证说明不可，事后我又告诉他，我宁愿他把钱花在吃一块上好的牛排，而不是这些来源不明甚至无益于健康的产品上。

有一次，爸爸想吃生菜，自己去超市买了一罐沙拉酱，得意地告诉我这是"低油脂"沙拉酱，我不以为然地请他先看食品营养成分标示，提醒他仔细瞧瞧含糖量，果不其然，他沮丧地表示不敢吃了。

Q 如何看食品的营养标示?

食品营养标示

营养标示		
每100克		
本包装含3份		
	每份含量	占参考值的百分比
热量	241大卡	12%
蛋白质	21克	35%
脂肪	12克	20%
饱和脂肪	2克	11%
反式脂肪	0克	0
碳水化合物	11克	3.7%
糖	9克	★
钠	960毫克	48%

★未制定参考值

　　所谓参考值是针对两岁以上的健康个体所建议某些营养素每日的摄取量。 例如热量2000大卡、蛋白质60克、脂肪60克、饱和脂肪18克、碳水化合物300克、钠2000毫克。

　　这些营养素包括热量之所以会列在加工处理过的食品营养标示上，是因为其中任何一项不论过多还是过少，都会影响人体的正常生理功能。

在判读营养标示时，一定要确定手中的包装内，含有多少份，因为营养标示上所列的只是一份的营养含量，总营养量必须把标示每份含量的数字乘上份数。以上面的范例来说，若把整份包装的分量都吃完，所摄取的热量营养素必须乘上三倍。

热量占一天需要量的36%（12%乘以3等于36%）。

蛋白质已超出一天需要量5%（35%乘以3等于105%）。

钠的摄取量更是远远超过一天需要量的44%（48%乘以3等于144%）。

小孩过动，都是早餐惹的祸

很多家长会问，为什么小孩上课无法专心、学习效果不好？孩子好动，无法定下心学习，需不需要看医生找出问题？其实，父母先别急着否定自己孩子的学习能力，不如先回顾孩子吃的是什么样的三餐？说不定，问题就出在日常饮食中。

最常见的是早餐不当，这包括没吃早餐，或者是早餐的质与量不佳。

通常早餐是三餐当中最不被重视，甚至经常被省略掉的一餐。然而，早餐的质与量关系着一个人整天的学习及工作成效，甚至情绪的稳定与能力的表现。

常见的早餐时光画面是，一早起床，全家人各忙各的，准备上班上学，没时间在家吃早餐，情非得已。大家火速出门后，有的在巷口的早餐店买一份三明治和奶茶，或者在路边摊

117

买个招牌饭团和豆浆，简单又便利地打发掉早餐；再不然，大人自己来不及吃，就直接给钱，让孩子自己买早餐，但孩子到底买了没有？究竟买了什么？又吃了什么呢？

为什么需要吃早餐？因为质量好的早餐能让脑部运作有好的开始，甚至是大半天所需要的能量。脑部功能有良好的发挥，孩子就能集中精神专心学习。

不吃早餐之后导致的过度饥饿，在餐与餐之间便可能摄取过量或不健康的零食，导致午餐的摄取量减少，如此恶性循环，后果可想而知。

适当的早餐可以避免因饥饿导致的暴饮暴食，以维持健康、理想的体重。由于早上刚起床时体内的血糖低，如果孩子没吃早餐，血糖供应不足就容易产生反应迟钝、注意力欠佳、体力不支、脾气变差等现象。长期下去，甚至会造成学习上自信心丧失、生长和智力发展障碍，那时候要补救就很难了。

根据董氏基金会的调查发现，台湾虽有八成的小学生天天吃早餐，但有一半人吃的早餐不够健康，有54%的家长让孩子以奶茶当作早餐，然而奶茶并不能取代牛奶，甚至含高量的糖及油脂。早餐应该占全天总热量的35%，午餐约占35%，晚餐约占30%。

许多专家也不断提出摄取过多速食和含咖啡因、高糖的糖果、甜点、饮料，与小孩过动、躁动的行为有密切关系。虽有争议，但也不断被证实食用色素、高果糖玉米糖浆和其他人工合成成分会引发孩子兴奋好动，例如常见的早餐谷物成分含有精制糖、玉米粉、面筋和红色色素40号、黄色6号及蓝色2号。

几个研究指出，若孩子有明显过动、躁动的现象，饮食中有三类食物可能会使其行为恶化：

1. 食品色素、防腐剂及香料。

2. 糖和人工甜味剂。许多含糖的产品也同时含有色素、咖啡因和人工香料。

3. 牛奶和小麦制品。小麦制品含有面筋，乳糖不耐和面筋过敏或消化不良会导致脑部不清晰和情绪不稳定。所以说，孩子的早餐不能用市场上的早餐谷物、奶茶或面包打发，可能在无形中影响孩子的学习及行为。

若孩子已有过动、躁动的现象，也可以用饮食来缓和。由食用加工食品转为自然食品，以避免食品色素、防腐剂及香料的摄取。多吃含丰富钙、镁的食物，例如新鲜蔬菜、坚果类、低脂酸乳酪和脱脂干酪（cottage cheese）可以缓和孩子过动的行为。

不妨参考下一篇的早餐范例，提供孩子维持稳定生理状态所需要的营养素。

🍴17 小良妈妈的餐桌哲学：
早餐与犯罪

在美国佛罗里达州依据小学三年级学生的平均成绩当作决定当地监狱床数的指标。乍听时觉得不可思议，怎么会有这种天才想出这个点子？但不解之时，也让我回想起1989年，我开始念营养教育，第一堂必须外出到当地小学教两堂课。当时我被指派到哈林区的小学，在教学之前的需求评估工作中，我发现我负责的班级，有一半以上的孩子的父母其中之一在监狱里，而且这些孩子非常难教，想必和他们的早餐很多都是薯片加可乐有关，孩子的学校成绩表现与家庭及父母的态度也有相当直接的相关性。

这样吃早餐最健康！

常见的早餐形态不外乎面包、牛奶或果汁。典型的中式早餐，则以稀饭为主食，稀饭含大量水分，经长时间熬煮的淀粉已被部分分解，搭配的菜可能除了蛋和豆腐之外，大都是含盐量极高的加工腌渍品，基本上不含足够和适当的营养素。西式早餐在质的考量上相对比中式好，但也可能含过量的油脂及淀粉，尤其是口感好的烘焙类食品，如各式各样的面包等。

有些父母习惯让孩子吃麦片加牛奶，既方便又健康，这不完全正确，需要留意的是坊间贩售麦片的含糖量并不低，有的甚至比蛋糕和饼干高。简单地说，市场上的早餐麦片，基本上是花钱买三样东西：空气、糖和面粉。不信的话，仔细看看其使用原料成分。根据一项针对1500多种儿童麦片的调查，每天一碗谷类麦片食品会让小孩一年增加约4.5公斤。父母在替孩子选购麦片时要仔细看营养成分标示，算一算，孩子吃下的每份麦片的糖含量，不应该超过4克。

那么早餐应该吃些什么？食物选择原则，可从以下每一类食物中选择一或两项。

1. 谷类：全谷、燕麦片、低糖谷类、小麦胚芽。

2. 蛋白质类：蛋、鱼、鸡或火鸡胸肉、豆腐、黄豆、坚果类（例如核桃、榛果、夏威夷果、巴西坚果、杏仁、腰果、葵花子、芝麻、亚麻子、花生、花生酱）。

3. 健康油脂类：坚果、酪梨、低脂乳酪（cottage cheese，1%脂肪）、马苏里拉起司（mozzarella，部分脱脂）、亚麻子。

4. 维生素及矿物质：各种水果，尤其是橘橼类水果，如柳丁、葡萄柚、柠檬、柑橘、莱姆等，还有香蕉。

5. 抗氧化剂：红石榴、蓝莓、红莓、桑葚。

对于忙碌的现代人而言，早餐的关键在于准备工作和吃对食物。不少人是因为没时间准备而弃守，其实，准备工作并不难。而吃对东西更重要。我演讲时常举一个例子，我在纽约的一个朋友，某天她刚买了一部昂贵的跑车，隔天就兴冲冲地开到曼哈顿第五大道，但还没到我家就在路上抛锚了，她不但引来了交通警察，还打电话去车厂把人家骂了一顿："怎么我刚买的车就出问题啦？"车厂的人经过一番检查后，非常礼貌地问她："请问，您的车子出厂开回家之后，去了加油站吗？"朋友的车子真的就是没加油才会抛锚。套用在人体上，早餐就是汽油，再好的一辆车没加油，哪里都去不成！

决定早餐品质的两大重要因素是前一天晚上的确认与准备。许多人早餐之所以会随便吃或省略，大都是因为没有食材或来不及准备。要提供一家人营养均衡的早餐，在晚餐之后，尚未坐下来休息之前，必须先检查冰箱和橱柜里，是否有足够的食材供第二天早餐使用，并先将隔天早上要使用的蔬菜和水果洗好，且将水滤干，益于保存。

╳18 小良妈妈的餐桌哲学：给孩子的早餐，准备要即时

两个儿子在高中最后两年的时候，我们家的早餐是每人至少一杯综合水果奶昔，因为美国高中生课业繁重，睡眠时间不足，常为了多睡一分钟也好的情况下，而牺牲吃早餐的时间。但我的规定是：没吃早餐不准出门，所以我准备了各种具有抗氧化成分的莓果、亚麻子、坚果等，和酸奶一起，打成浓稠的奶昔，再加上现压的一杯橘子汁。孩子根本不必花时间坐下来，咕噜咕噜喝下去，不用两分钟就可以出门。而当妈的我也很放心，确认孩子至少在中午用餐之前有足够的能量去学习。

很重要的是，打完的果汁要立刻喝掉，这杯对人体很营

养的食物，同样对细菌也很营养，放着慢慢喝，或想到再喝时，也不知喝进多少细菌了。像我早上打酸奶奶昔时，会先将食材全部放进去，等到孩子出现的那一刻，我才按下启动开关，因为食材里有很强的抗氧化剂，不到两分钟就会变色（氧化反应）。

有人习惯现榨果汁，一喝喝半天，这并不卫生，一来细菌会增长；二来本是想要抗氧化，结果喝了没效果也就罢了，就怕还伤了身。尤其天气闷热，更容易滋生细菌。

我能理解早上睡醒之后，在短短的一小时内要梳洗、叫醒孩子、准备早餐、打包午餐，以及确定一家大小该带的东西都带了，就像和时间竞赛一样，实在不容易。而我又是第一个出门、赶地铁上班的人，所以我是唯一没时间和心情坐下来好好吃早餐的人。在此情况下，我的早餐都在家准备好，带到办公室让自己在工作之前慢慢吃。尤其一大早除了时间紧凑的压力外，我也没吃的欲望。而我带到办公室的早餐，基本上是水煮蛋或优酪乳（上面放各种水果和核桃），这些食物带到办公室既不会有不必要的味道影响他人，又健康营养。

早餐可以采用的食材：

蓝莓、红莓、黑莓、香蕉、酪梨、苹果、优酪乳、脱脂或低脂牛奶、亚麻子、蛋、各种豆类、地瓜、各种坚果类（胡桃、腰果、杏仁豆、核桃等）、种子类（葵花子仁、南瓜子仁等）、全麦面包、松饼、奶酪、燕麦片、花生酱、坚果酱、葡萄干、蔓越莓和黑枣等。

以下列举以这些食材搭配的早餐范例：

1. 花生酱和切片香蕉或苹果做成卷饼或松饼，配上一杯低脂牛奶。

2. 各种坚果、蓝莓及各种新鲜的莓类水果，加入无糖燕麦片。

3. 低糖谷物、苹果切片或小块和低脂牛奶。

4. 八宝粥（小红豆、大红豆、绿豆、糙米、花生、亚麻子、蔓越莓、紫糯米）。

5. 水果和低脂乳酪块以及脱脂牛奶。

6. 全谷松饼加上水蜜桃、坚果，搭配低脂优酪乳。

7. 燕麦片、花生或坚果和葡萄干或蔓越莓。

8. 全麦饼干、葡萄，以及低脂奶酪。

9. 烤面包与融化的乳酪、墨西哥莎莎酱。

10. 水煮蛋、全麦面包、低脂乳酪。

11. 蛋、鸡肉薄片、番茄和低脂乳酪三明治。

12. 全麦面包和优酪乳加压碎坚果。

13. 迷你烤松饼、无糖苹果酱、坚果酱。

14. 香蕉、酪梨、低脂奶和优酪乳，打成奶昔。

15. 各种浆果（蓝莓、红莓、黑莓）或葡萄和优酪乳或低脂奶，打成优酪乳奶昔。

孩子考试前该怎么吃？

如果将人体比喻为一辆车，多量营养素（蛋白质、碳水化合物、油脂）就是汽油，但汽车引擎要运转好，还需要微量营养素（维生素和矿物质）当作机油和润滑油。它们是生理上必需的微量分子，可用来作为辅酶、辅因子，以调节代谢途径，而且人体不能合成，必须来自饮食。所以，如果三餐不能吃对，吞再多的维生素也无效，只是让自己的排泄物变成非常昂贵的粪便和尿液。

吃的食物种类愈多，可使营养素彼此互补。例如，玉米与红豆，前者（玉米）含有六种必需氨基酸，其中有一个氨基酸（Methionine）后者没有，而前者缺两种氨基酸（Tryptophan和Lysine），却存在红豆当中，这两种食物在同一餐摄取，就能拥有较完整的氨基酸；鸡蛋因为可以孵出小鸡，其所含的氨基酸是较为完整的一种食物，所以不要将蛋黄和蛋白分开吃，毕竟只有蛋白是孵不出小鸡的。另外，有趣的是米血糕，长一辈的人为何会将动物的血和糯米加在一起（猪血糕）来吃？从现代营养学来看，二者的营养素也是你有的我没有，我有的你没有。

我很喜欢日本便当的用心配菜，因为颜色多、种类多，单一食物的量少，一餐中至少会有9种食物。日本饮食指南建议大家，每天要吃32种天然食物，不含食品，更不是吞32种维生素。事实上不难，例如我在早餐准备的综合奶昔里，至少就有六种甚至九种食物。

一般人不能吃好三餐，吞服维生素一点儿用处也没有，维生素不具备任何热量，食物才能提供人体所需的热量来源，如蛋白质、碳水化合物、油脂。当然，维生素很重要，是维持生命的重要因素，它能辅助生理代谢的运转，当我们有压力、吃了过量的大鱼大肉、**孩子考试期间，此时的能量转换就很需要更多的维生素B群来运转生理代谢。**

孩子在考试时，整个生理和心理上都会面临有形或无形的压力，父母能从旁给予协助的就是提供适当营养均衡的饮食，让孩子在生理上能够专注。拥有好的专注力，必须供给脑部所需要的营养素；此外需要摄取额外的维生素B群，因为人在有压力的情况下会消耗体内的热量，此时需要额外的维生素B群参与体内的生化作用。所谓维生素B群，包括硫胺素（维生素

B_1）、核黄素（维生素B_2）、烟酸（维生素B_3）、泛酸（维生素B_5）、吡哆醇（维生素B_6）、生物素、叶酸和的钴胺素（维生素B_{12}）。具体而言，体内热量的转换需要维生素B_1、维生素B_2当作辅因子的角色，而蛋白质氨基酸的转换则需要维生素B_6当作辅因子。

除非特殊情况，例如考试和比赛，我不会随意让小孩额外服用维生素补充剂，只会补充维生素B群，顶多再添加一粒综合维生素；其他单方的营养素尤其是脂溶性维生素（维生素A、维生素D、维生素E、维生素K），不宜任意使用，就算有需求，也一定要先咨询医师，因为每个人需要的剂量并不一样，过量可能造成中毒。

除了补充维生素B群，在孩子考试期间，饮食上要补充些什么呢？

父母此时最在意的饮食关键词应该就是"补脑"！有些父母会炖猪脑让小孩吃，说是吃啥补啥；也认为吃核桃可补脑，因核桃仁像大脑，以形补形。不过，核桃倒也真的对大脑有益，因为它含有36种以上的神经递质，和丰富的ω–3脂肪酸，有益于脑功能。

脑部消耗的热量占全身用量的20%，但脑部并没有贮存营养素的空间，只有微小纯净的葡萄糖是脑部运转的燃料。那脑部需要些什么营养素？要提高智力和脑部健康，并维持大脑和心理有效的运作，必须具备三个主要营养素，包括：来自饮食中的必需营养素、水和氧气。

脑部所需要的营养素有"必需氨基酸"和"必需脂肪酸"，在质与量上都要适度，包括蛋白质（蛋白酶和荷尔蒙）、氨基酸（天门冬氨酸、胆碱、谷氨酸、丙氨酸、色氨酸、酪氨酸）、油脂（$\omega-6$和$\omega-3$[注五]）、维生素（叶酸、维生素B_1、维生素B_5、维生素B_6、维生素B_{12}）、矿物质（镁、钾、钙）。

脑部神经系统的传递，是靠神经递质刺激邻近的神经元，而使整个神经系统的冲击从一个细胞传递到下一个神经元释放。

神经递质是整个大脑和身体沟通信息的大脑化学物质，被称为"神经元的神经细胞之间传递信号"，大脑使用神经递质掌控心脏跳动、肺呼吸、胃消化，也影响情绪、睡眠、注意力、体重等。

脑部是否能发挥正常功能与神经递质息息相关，三个主要神经递质为乙酰胆碱、多巴胺、羟色胺，存在于许多食物当中（参见下表二）。

与神经元有关的油脂$\omega-6$和$\omega-3$脂肪酸，不仅是脑活动的重要推手，二者之间更必须有平衡的比例，以介于一比一至一比四之间为佳（参见下表三）。其中，亚麻子油和橄榄油的比例比较好。

与神经元有关的矿物质，镁主要在全麦谷类、豆类、坚果和绿叶蔬菜中；钾主要在水果类如梨子、香蕉、哈密瓜、柚子、奇异果、柑橘、李子、草莓、马铃薯以及鱼和肉类中；钙主要在牛奶和奶制品中，例如乳酪、酸奶、钙强化食品和食用鱼骨。

表二

	功能	食物
乙酰胆碱 （Acetylcholine-ACh）	1.这种神经递质刺激其他神经元，负责记忆。 2.是肌肉的自主动作，行为抑制和记忆。	蛋黄、花生、小麦胚芽、肝脏、肉类、鱼类、牛奶和卷心菜，花椰菜（特别是青花菜）等十字花科蔬菜。
多巴胺 （Dopamine）	刺激且参与动作，注意力和学习（但也会有抑制动作的作用）。	1.蛋白质含丰富的多巴胺，包括有肉类、奶制品、鱼、豆类、坚果类、豆制品。 2.每日三盎司至四盎司蛋白质，有助于精力充沛，提高警觉，更加自信。
羟色胺 （Hydroxytryptamine或5－HT）	通常抑制并参与兴奋和睡眠、情绪、食欲和敏感性。	碳水化合物含丰富的羟色胺，例如意大利面；淀粉类蔬菜，如马铃薯、谷类、面包等。

表三

食用油	ω−6 脂肪酸：ω−3 脂肪酸
大豆油	7：1
菜籽油	2：1
亚麻子油	1：3
橄榄油	3：13.1
玉米油	46：1
葡萄子油	没有 ω−3
花生油	没有 ω−3
葵花子油	没有 ω−3
棉籽油	没有 ω−3

Q 橄榄油有鱼腥味没问题吗？

有位朋友曾好意买了一瓶Extra Virgin橄榄油（颜色深暗的一种，不宜用来加热炒炸用），放在上班地方的共用厨房，跟大家分享，但因为时间久了，有一股鱼腥味。此时有位吃素的同事非常不悦，因为他敏感地联想到，Extra Virgin橄榄油含有丰富的 ω−3 脂肪酸，而 ω−3 脂肪酸来自鱼油，非素食。所以提供橄榄油的人非常内疚地问我，橄榄油有鱼腥味，吃素的人到底可不可以食用？

这里可以和大家厘清两个信息：

1. 油有异味是因为其不饱和键被氧化所造成的。众所周知，ω-3脂肪酸对健康有益，尤其是心脏血管疾病，因为心脏血管疾病也是体内发炎所导致，而ω-3脂肪酸是抗发炎。为什么称之为ω-3或ω-6脂肪酸？其实两者都是不饱和脂肪酸，ω-3和ω-6是不饱和键在碳链上的所在位置。橄榄油放置时间久了，产生一股鱼腥味，那是因为不饱和脂肪酸的不饱和键与空气中的氧产生氧化作用。

2．ω-3脂肪酸存在许多食品当中，例如深海鲑鱼、沙丁鱼、鲭鱼、贻贝、方头鱼、剑鱼等，但也存在植物性的食品中，例如核桃、亚麻子、海带、橄榄油；而ω-6脂肪酸对健康虽有负面的影响，但它也是生理上的必需脂肪酸之一，存在许多加工食品（沙拉酱、美乃滋、纯玛琳和烘焙用油）当中，不宜摄取过多。

————————

注五：

Omega-3脂肪酸（或称ω-3脂肪酸）是一种多元性不饱和脂肪酸，在碳链上第三个位置上，是个不饱和键。

Omega-6脂肪酸（或称ω-6脂肪酸）是一种多元性不饱和脂肪酸，在碳链上第六个位置上，是个不饱和键。

橄榄油有三大类，可依颜色来判断：顶级的橄榄油颜色最深，英文为"Extra Virgin"，或称为"特级初榨橄榄油"，不适合用来加热炒菜，只适用于凉拌。若要用来加热炒菜，请采用颜色较淡的黄色橄榄油（Pure olive oil 或 Refined olive oil）。

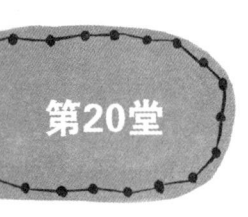

不要忽略孩子是否摄取足够饮食纤维

　　追溯现代人的疾病肇因，不外乎过饮、过食之后，无法定期排出代谢废物，毒素积存体内，具体地说就是：便秘。我常比喻：便秘好比在炎热的夏天，将许多蔬菜、鱼肉类放置在车厢内，两天之后会是什么样的结果？

　　造成便秘的主要原因之一是：饮食纤维摄取量不足。美国营养专家建议女性每天应摄取25克纤维，男性则为35克。为什么需要摄取纤维？人体无法像牛、羊等反刍动物，它们的体内可以分泌酵素将植物纤维加以分解成为可以吸收利用的营养素糖类。对人体而言，摄取纤维只有一个目的：促进排便。排便习惯会被当天的作息影响，若我一早非常匆忙出门上班或出差，那一整天绝对会有状况。有便秘问题的人，肠子蠕动信号非常弱，在匆促的作息中很容易被忽略掉，造成整天身体肿胀不适。若要改善此困扰，有充分的时间吃早餐非常重要。一早，当食物进入肠胃道，便会促使大肠蠕动，另一方面，吃早餐也可以让身体有充分的时间去感觉大肠蠕动的信号。

我在讲课当中常常会问在座的营养专业人员，有多少人知道自己吃够了25克或35克饮食纤维？其实包括我自己在内，都无法知道实际上摄取了多少，够不够。

要自我判断是否摄取足够纤维最好的指标就是观察粪便的颜色。若颜色很深，表示排泄物停留在体内时间过久，也就是纤维摄取量不够，饮食中必须增加摄取纤维量多的蔬菜、水果，其中凤梨、木瓜是效果最显著的水果。若排出来的粪便是金黄色，表示摄取的纤维量应该足够，那么就不必在乎是否摄取25克或35克纤维的数字游戏了。

观察粪便、尿液的颜色和气味是最简单且最实际的自我照顾。我鼓励每位父母从小教导孩子经由这个小地方自我观察，进而自我判断是否摄取足够饮食纤维，以学习照顾自己的健康。

✗20 小良妈妈的餐桌哲学：不能忽略饮食纤维

小儿子12年级一开学到10月底这段时间，进入一场煎熬的体力战。因为11月1日是12年级学生要提前申请几所好学校的截止日期，同时是美国高中生科学数学竞赛（Intel Science and Math Competition）送审的截止日期；加上每年9月到11月又是纽约市所有高中西洋剑比赛的季节，身为西洋剑校队队长的他，自然有着必胜的使命。刚满17岁的孩子得承受心理上的压力及体力上的挑战，我无法分担任何一点一滴，除了当他的私人司机之外，也只能时时递上食物和水，当然还有维生素B群。在比赛最后两星期时，我万万没想到如此年轻的孩子竟然会因得了痔疮而且出血。每星期有两天的课后，我必须开车带着他和其他队友到指定的不同地点比赛，比赛当中，我忧心忡忡，担心他会不会在比赛中又出血。

痔疮是因为肛门内压力，使得肛门直肠管黏膜下层的静脉发生扩张及曲张而形成。而造成肛门压力上升的原因则以长期便秘为最常见。我这个以营养学为专业的妈妈，留意孩子各种营养素的摄取之余，竟全然忘掉增加饮食纤维这件事。一般人在忙碌的行程中很容易忽略掉大肠蠕动排便的信号，再加上长期坐着，使情况更加恶化。当时小儿子除了在学校上课，回家做功课、练钢琴之外，常常彻夜在实验室赶写两年的研究报告，难怪他的身体以痔疮来抗议，发出警告。

富含膳食纤维的食物

蔬菜类	牛蒡、竹笋、荸荠、茭白笋、韭菜、青葱、青蒜、九层塔、甘薯叶、芫荽、空心菜、韭黄、龙延草、露荞、角菜、山芹菜、山芋、番茄、澎湖丝瓜、白凤菜、南瓜、玉米笋、苦瓜、茄子、龙须菜、花椰菜、青花菜、韭菜花、金针菜、油菜花、青江菜、红凤菜、苋菜、菠菜、绿芦笋、黄豆芽、绿豆芽
水果类	柿子、仙桃、黑枣、红枣、奇异果、芭蕉
谷物类	薏仁、燕麦、糙米、黑糯米、玉米
各种坚果及种子	杏仁、松子、开心果、腰果
藻类	海带、紫菜
菇类	木耳、金针菇、洋菇、香菇、草菇、蚝菇、猴头菇
豆和豆荚类	毛豆、花豆、花莲豆、黄帝豆、红豆、敏豆、菜豆荚、黄豆、黑豆、豌豆、蚕豆

资料来源: 台湾地区食品营养成分资料库

清淡才是维持健康的长远之计

1986年7月，我与先生结婚，9月到美国纽约哥伦比亚大学念书，当时我一个人住在哥大医学院学生宿舍，我的先生在德州准备博士论文答辩。

到了1987年1月，我们才真正生活在一起，也才开启两个人的味蕾大战。

然后，我们搬进医院宿舍。有一天，我突然好想吃面食，下课时顺道去了中国城，在一家餐馆买了韭菜盒，我放上餐桌的那一刻，我先生竟然不知道那是什么东西，他只吃过也只认得四种面食：包子、水饺、面条和馒头，其他从没吃过也没见过，这让我感到非常惊讶。

对我而言，韭菜盒、馅饼、萝卜丝饼是家常便饭。这是我们第一个饮食差异，饮食背景的不同，让我们在食物的选择上，必须有所取舍。

第二个差异是口味咸淡的落差非常大。因为早期许多台湾家庭习惯使用味精，但我的父母亲只用基本调味料（葱、姜、蒜、盐、酱油和胡椒），完全不用含有化学成分的味精，而我承袭的口味与烹饪习惯，让我的先生怀疑我不会煮菜，怎么东西吃起来都没什么味道？

新婚初期尚能忍耐，忍了半年终于爆发。餐桌上，经常上演的一幕是他皱着眉头说："太淡了。"我就再下厨加点东西，为此两人经常闹得不愉快。

我先生理直气壮地说："人生很短，为什么连吃东西也要吃得这么辛苦？"我立即反驳他的歪理："我是念营养的，也当过营养师，我知道你有严重的家族性高血压病史，我怎么可以再让你吃这些重口味的东西？"我很生气，气到不跟他讲话。

吵完架的隔日，朋友到访，因缘际会，在中文报纸上读了一则不幸的社会新闻：在彰化员林，有一名妇女因常被丈夫嫌弃煮的菜没有味道，两人爆发口角，妇人气不过，先杀死小孩，再上吊自杀，造成一场人伦悲剧。我先生听闻这则新闻后，再也不敢嫌我煮的食物太清淡，甚至有客人到家里来用餐，他会主动递给客人盐和酱油，客气地说："我们家都吃得很淡，如果太淡，你自己加点，没关系。"

✕21 小良妈妈的餐桌哲学：
足够水分与适当运动才是健康之道

先生有家族性高血压的问题，而我有低血压的问题，孩子很高兴地说，一个高一个低，加起来就平均了，他们也不会有高血压问题！我告诉他们，别高兴得太早，他俩仍具有家族性高血压的危险因子，并不会因为我是低血压而摆平了他们的高血压危险性。因此我们的日常饮食仍然必须走清淡口味路线。

不久前，有位朋友告诉我，她也有低血压的问题，她的两位心脏科医生都告诉她多吃盐，她询问我的意见。我非常不赞同如此建议！虽然大部分的人都知道高血压的人需要减少钠盐的摄取，因为钠离子会导致血管收缩，血压上升。理论上讲，低血压可以增加血液中的钠使血压上升；但站在营养专业的立场，我不赞成建议有低血压问题的人多吃盐，甚至觉得这是一种危险的做法。我认为较正确的改善方法应该是：摄取足够水分及适当运动，改善血液循环。保持清淡口味，才是较适当且长远的做法。

Q 什么因素会导致低血压？

某些状况或因素影响身体控制血压的调节而导致低血压。不同因素造成不同型态的低血压。

1.体位性低血压（姿势性低血压）：通常是脱水造成，没有饮用足够水分或在剧烈运动之后大量脱水；发烧、呕吐以及严重腹泻也会造成脱水。体位性低血压也可能发生在怀孕期当中，生产之后会改善。还有一种是在进餐后因血液集中到消化系统，而导致餐后低血压，通常发生在年长者，进餐后血压突然下降。

2.神经介导性低血压：当脑部和心脏之间的沟通信号不是很好时。

3.冲击性低血压：很多因素和状况会冲击生理反应而造成严重低血压。例如败血症、严重烧伤、大出血等。

处理方式：大部分是属体位性低血压，其处理方式为饮用足够水分。若是餐后血压会降低，应采取少量且减少碳水化合物的摄取、避免饮酒、避免瞬间改变姿势，或站立时间过长。

这样吃，孩子又高又健康

日常的定期运动，并没有特别需要添加某一种营养素。人体利用热量来源的顺序，最先是肌肉内贮存的肝糖。若孩子要参与比赛，为了能在耐力上表现更好，我会在比赛前一星期让他们开始摄取额外的碳水化合物，使其转变成肝糖贮存在肝脏和肌肉内，以便比赛当中所需的额外热量来源。

如果是要增长肌肉，就得慢慢地在日常饮食中增加蛋白质摄取量。无论是增加蛋白质或碳水化合物的摄取，都要确定有足够的维生素B群，以帮助其正常的生理转运功能，否则过量蛋白质加上压力，很可能会出现我们常说的火气大的现象。

运动并不只是为了让孩子变得更高、更壮，而是为了孩子一生的健康。亚洲人相对没有运动的习惯，身体的脂肪比例相对而言，较其他族裔高。从小，我就培养孩子的运动习惯，除了鼓励从事一般体育活动，我还特别针对孩子的个性挑选特殊竞技。

由于哥哥个性比较畏缩，我特别让他去学西洋剑，目的是让他敢出击，不畏惧，弟弟也顺便跟着玩。西洋剑可训练脑部和四肢的协调反应，虽然比赛一局的时间很短，但在出手前要迅速思考、闪电出击，手跟脚的动作必须很协调；另外，击剑比赛前后双方都要很绅士地摘下头罩及手套，和对方握手、敬礼，其实我更想要孩子学到的是这种有绅士风度的运动精神。

每次比赛时，两个孩子全身包覆得密不透风。比赛当中，我一定为全队队友准备的点心是香蕉，因为含有很多钾，其次是橘子。一段时间下来，队友中有人饿或渴了，一定会先问我有没有东西可以给他们吃，看来他们挺信任我这位妈妈。也可能是因为，我经常是唯一会从头陪到尾的家长。比赛结束后，两个小选手回家，我会让他们喝牛奶或补充钙，此时体内需要足够的钙质，以修复及放松肌肉，睡眠品质也会比较好。

运动同时也可刺激孩子的骨骼生长。华人父母对孩子的身高问题非常在意，总是担心孩子矮人一截，坊间也常见"转骨偏方"等广告。其实，孩子的身高和基因有关，也就是和父母的平均身高及性别相同的一方有关。根据研究，孩子的身高由

4岁到发育期，每年平均增加两英寸（1英寸等于2.54厘米）。女孩子在10岁左右开始快速长高，1年平均增长2.5英寸到4.5英寸，而男孩则要到12岁开始快速长高，一年平均增高3英寸到5英寸。

除了基因之外，适当的营养在孩子的生长中扮演着重要的角色。身高骨骼的生长需要适当的矿物质、维生素、蛋白质、碳水化合物和油脂，尤其是钙的摄取对于骨骼的长度和强度有密切关系。

此外，还要避免迟缓生长发育的外在因子：

1. 咖啡因。咖啡因会影响青春期的睡眠品质，进而影响生长。青春期，每天理论上需要9.5小时的睡眠。

2. 抽烟。根据研究，抽烟及暴露在二手烟下的青少年身高，较没有这些危险因素存在的青少年矮小。

3. 合成代谢类固醇。患有哮喘的孩子、青少年若使用含类固醇喷剂，在身高上较没有使用类固醇者矮半英寸。

✗22 小良妈妈的餐桌哲学：食物也要和好朋友一起分享

两个孩子在高中时都是学校西洋剑校队成员，下课后疲惫不堪，又必须立即到指定的地点比赛，所以更不能饿着肚子参赛。有一次，除了必备的香蕉、橘子和水之外，我没有充分的时间由家里带自备的食物，只好到速食店买麦香鸡块，至少含有蛋白质和油脂，这两项营养素较能耐饿，血糖浓度不致快速上下，但我拒绝店员附加任何蘸料，且每个人的分量不能过多。分量上，我绝不会是只有我的孩子有东西吃，必定是准备西洋剑队全队八位成员的分量，分享食物是赛前最温馨的画面。

这样吃，长得快：补充含钙食物

钙不仅是强化牙齿和骨骼必要的重要矿物质，还维持神经信号传导、肌肉收缩，以及某些激素和酶的分泌。钙的缺乏会导致手指和脚趾的麻木、肌肉痉挛、抽搐、嗜睡、食欲不振和异常的心脏节律。相反，过量钙（特别是来自大量吞服维生素补充剂）可能导致肾结石、软组织的钙化和血管疾病，例如中风和心脏发作的风险增加。大部分钙存在深绿色绿叶蔬菜和奶制品中。

在摄取含钙丰富的食物同时，不要忘了让皮肤适度接受阳光的照射，由皮肤自行合成维生素D，因为钙的吸收需要维生素D的同时存在。

含钙食物

奶制品	牛奶、起司和优酪乳
带骨一起食用的鱼	沙丁鱼、小鱼干
深绿叶蔬菜	龙延草、薄荷、野苋、香椿、山芹菜、黄秋葵、油菜花、黑甜菜、苋菜、红苋菜、皇冠菜、红凤菜、油菜、芥蓝、川七、九层塔、青蒜、紫菜、昆布
坚果、豆类	黑芝麻、杏仁果、无花果、豆腐、豆制品、红豆、花豆、毛豆、黄豆、开心果、莲子、黑枣、红枣

资料来源：台湾地区食品营养成分资料库

再也不挑食！矫正偏食孩子的对策

偏食较容易出现在学龄前的孩子，下列十点可以减少用餐时的不愉快。

1. **尊重孩子的食欲。**不要强迫或用交换条件诱导孩子吃完碗中食物，这会让孩子在潜意识下和食物对抗，甚至在用餐时间出现焦虑，这反而降低饥饿或吃饱的敏感度。所以分量不要给太多，若不够，也让孩子有自主要求的机会。

2. **坚持常规。**每天用餐（包括点心）的时间最好定时，可以在正餐让孩子喝果汁或牛奶，但不是在正餐和点心之间，因为这会降低正餐食欲。

3. **让孩子尝试新的食物要有耐心。**要让孩子接受新的食物通常要尝试很多次，所以要有耐心，且可以适时地找机会和孩子讨论食物的颜色、形状、味道和口感。不论好不好吃，都可以将新添加的食物和孩子平常喜欢的食物一起搭配。

4. **增加进餐乐趣。**利用多种颜色鲜亮的自然食物，或使用饼干模型将其切成有趣的形状。

5. **让孩子参与食物的制备。**带孩子一起购买蔬菜、水果和其他健康食物，在家让孩子冲洗蔬菜、搅拌或准备餐桌上的碗筷。

6. **父母必须以身作则吃各种健康食物。**时间久了，孩子自然会跟随。

7. **制备食物时要有点创意。**例如早餐谷物加上水果，不仅好看，而且增加食物种类和营养；汤里面可以加各种颜色的蔬菜或瓜类。

8. **用餐时间必须减少干扰，务必将电视关掉。**尤其电视广告会引诱孩子想要尝试营养少、含糖多的产品。

9. **不要用甜点作为奖赏，这样会误导孩子以为甜点是好的食物。**尽可能用水果、酸酪乳，或其他健康食物取代甜点。

10. **不要迎合迁就孩子的偏食而另外准备食物。**即使不想吃，也要在进餐时间鼓励孩子和家人一起坐在餐桌上，并且每天不断提供健康食物。

如果孩子已有不吃蔬菜、水果的问题，父母要装作若无其事，不要在孩子面前不断提醒或威胁强迫。新食物需要引导并不断供应，就让水果摆在餐桌上。我通常会说："你要不要试试看？这对你的身体有益处，我建议你吃，但我仍尊重你的选择。"此时，孩子看见大人在吃，而且看起来很好吃，我又会加上一句："你没尝尝这滋味，真可惜！我相信你会喜欢的。"不久，孩子自然而然就会主动尝试了。

若孩子有偏食的现象，要当作这个问题不存在，用迂回的方式来矫正。例如，每餐持续用不同形式提供各种蔬菜和水果，且减少已经偏爱的食物，尽可能提供各式各样的食物。食物愈常出现在孩子面前，无论他是否吃下这个食物，他对该食物都会产生正向的态度，这种态度上的改变，可能会增加孩子以后尝试这个食物的机会，而愿意尝试新食物的人，在为人处世上也比较愿意接受和尝试新的挑战。

其实，许多孩子不吃某种食物，最大的原因是家里从来没提供过，因为陌生所以不敢尝试，如同我们对熟悉的事物比较有安全感一样。熟悉度会决定孩子对食物的偏好，所以常说第一印象非常重要，如果第一次的印象很好，那就无往不利；若印象太差，要挽救就很难。

能让孩子有机会重复接触某种食物的味道，可修饰对新食物的反应，不过，很重要的是，接触新食物的方式不同，对偏好的影响程度也不同，相关学者的研究报告[注六]说，与其让孩子"看"或"闻"，不如直接让他"尝"来得有效。而且孩子也不是尝试个两三回就愿意接纳新食物，必须经过一段时间、数次品尝后，对新食物的喜好度才会明显增加，平均至少要尝试该食物八次才会产生喜好。

例如我想让孩子吃糙米，刚开始先用三分之一糙米，孩子第一次吃时会问："怎么白米变少了？"我不为所动，持续半个月，等到他们习以为常后，再增加糙米比例到二分之一，最高比例曾增至三分之二。现在他们吃白米饭时，反而会问："咦？ Where is Brown rice？（指糙米）今天的饭没有口感。"

✗23 小良妈妈的餐桌哲学：别用食物为难孩子

大儿子二年级时，我们全家一起到伦敦旅行，那天我们来到知名的伦敦大钟景点，正值中午用餐时间，我们绕了大半天找不到中国餐馆，只好入乡随俗买了当地的三明治。而我万万没想到，不是我做的三明治，竟让父子俩为了吃不吃而对峙三个小时。

当时我们买了两份三明治，各切一半，我跟小儿子分一份，爸爸则和大儿子平分一份，但当爸爸将三明治递给大儿子时，这孩子拒绝接受，他就是不吃。那天，爸爸反常地要我回避。通常遇到吃东西的事，都是我出面解决。

"你不要管，我今天一定要好好教他！没吃完就不走。"在爸爸的坚持下，我留下他们父子俩，自己带着小儿子到附近书店逛逛。本来以为吃个三明治，也不过半个小时，顶多逼上一个小时也够了。但那天下午，我和小儿子在书店里看了好几本书，一直到下午3点多，爸爸终于来电话说，大功告成。

大儿子不爱吃三明治是有原因的，除了他个性比较固执，也因为我给他们做的三明治都是中式而非西式，我会放入鲜嫩多汁的猪排，而不是冷冰冰的薄片火腿，尤其在4月的伦敦，天气又湿又冷，对于没有温度的食物，大儿子更是难以下咽。

这对父子为了吃掉三明治，在大钟前拗了三个小时，事后大儿子记得很清楚，他说因为听了六次钟声（1点到3点）。

然而，当我们要离开大钟时，我发现他走路姿势怪怪的，儿子才不好意思地说他的裤子尿湿了。我当时觉得好心疼，天气这么冷，上身穿着大衣，里头的裤子却湿湿的。

我想，他真的很生气，他不愿意吃却得勉强吃，用尿湿裤子表达他的愤怒，当然憋尿憋了三个小时也难为他了。

爸爸原本希望机会教育，训练孩子随遇而安，有东西吃就要懂得感恩，不能挑三拣四，这样以后才能面对突发状况。爸爸那个年代，只要有的吃，根本不在乎好不好吃，不要饿肚子就好，但是对一个孩子来讲，他脑袋卡住的不是饿肚子的问题，而是明明我就不爱，完全咽不下去呀！

或许是选错时间、挑错媒介（食物），这是爸爸第一次也是最后一次强迫孩子吃下食物。当然，爸爸也认为是我宠坏了孩子的口味，在食物上我总是尽量满足孩子，今天他不愿意吃、他的口味不合，其实都是做父母造成的。

十多年后，我与他们兄弟聊起这起往事，三个人都笑弯了腰，小儿子更提出建议："妈妈，我们应该再去一次伦敦，再买一份三明治，让爸爸和哥哥再坐到那个椅子上，看这次大钟会敲几下！"

Q 孩子惧怕的胡萝卜，吃了真的不会近视吗？

因为胡萝卜有特殊的味道，很多孩子都不愿意吃，所以常见到父母连哄带骗地对孩子说："胡萝卜很有营养，对眼睛很好，吃了就不会近视！"这句话其实有些问题。胡萝卜含有丰富的维生素A。维生素A和维生素D、维生素E、维生素K一样，是油溶性维生素，换句话说，在与油脂共存的情况下才能吸收利用。也就是说，胡萝卜用水煮，红色胡萝卜素并不会溶入水中，但用油炒会让油变红色，食用过量时，胡萝卜素会积存在皮下或体内脂肪，不易排出体外。维生素A对眼睛最大功能是防止夜盲症，也就是从亮处走入暗室时眼睛的调节能力，与近视眼无关。近视眼是眼球的晶状体改变，或者视网膜后移，因平行光聚集在视网膜前方，而无法看清楚。服用适量的维生素A、维生素D、维生素E、维生素K或鱼肝油可以有益于皮肤、眼睛、血液和骨骼的健康，但并不能改善近视眼，因为眼睛的物理性无法改变。

注六：

★★ Birch L.L.（1992）. Children's preferences for high-fat foods, Nutrition Review. Sep; 50（9）: 249-55.

水是维持健康最重要的营养素

人体中水分重量占体重三分之二（出生时水分占80%，但50岁时很可能降到50%），是维持健康最重要的营养素。脑中水含量95%、血液中含82%的水，肺器官水含量85%。一个人如果不吃东西可以活上40天，但是不喝水的情况下只能活3天。体内的水分由呼吸、汗和尿液排出体外，一旦体内水分减少2%以上，就可能会导致短暂失忆、表现失常等；另外，有研究指出，90%的头痛症状，可能是脱水或饮水不足所造成。脑部脱水的根源来自胃部是否饮用足够水分或因呕吐失水。

当孩子发高烧的夜晚，许多父母彻夜难眠，最担心孩子发高烧会不会伤害脑子，其实父母不要太担心，因为发烧对脑子并没有伤害性（感染导致的发烧并不会损害脑部），这时反而要担心的是孩子在发高烧的过程中，若没有适当补充水分，孩子一旦有脱水现象，很容易伤害肾脏功能。普遍认为，体温超过42摄氏度会伤害到脑部，但要达到如此高的体温，唯独在非常炎热且密闭的环境下（例如在炎热天气下关在密闭的车子内），才可能导致如此后果。

有些时候孩子体温上升，是因为活动量增加、哭闹、刚从暖和的被窝里起床，或在温度高的环境下待得太久。若是这些情况，皮肤的温度应该可以在10分钟到20分钟左右恢复正常。

除了上述情况，80%的孩子若体温上升，表现异常，大概就是发烧了。要确认孩子是否发烧，可选用不同温度计中的一种来量体温，若是超过下面的参考温度，就可算是发烧了。

1. 肛门、耳腔或颞动脉温度计：38摄氏度以上。

2. 口腔温度计：37.8摄氏度以上。

3. 腋下体温计：37.2摄氏度以上。

许多人认为发烧对孩子非常不好，事实上，发烧是身体启动的免疫系统且帮助抵抗感染的保护机制之一。

一般发烧的体温在37.8摄氏度至40摄氏度之间，对生病的孩子其实是好的。

✗24 小良妈妈的餐桌哲学：
没事多喝水

大儿子一岁左右因中耳炎引起发烧不退，无意中我发现他好几个小时尿布仍是干的，我惊觉不对劲，立即将他送医院。幼儿发烧不退时，务必补充足够的水分，是否足够，可以检查尿布是否尿湿，较大的孩子也需要观察是否排尿，协助判断，预防脱水。

到芝加哥念书的小儿子，有一天打电话无法联络上我，只好打电话给爸爸，跟爸爸聊到考试很忙，弄得身体不舒服，爸爸随口安慰他去好好睡觉休息就没事。我回到家听到弟弟在电话录音中留下的信息及先生的记录写着："弟弟来电，他说身体很不舒服，他的肩膀和脖子很僵硬，背很痛，还拉肚子。"

根据我曾在临床上几年的经验，这些信息让我判断不是好事，我马上打电话叫儿子去急诊，因为不放心，又打电话给他的室友，叮嘱他一定要儿子去医院。

我跟他相距十二小时以上的车程，不可能进一步了解，为了慎重起见，我坚持儿子前往急诊，同时联络一位在芝加哥当专科医生的好友的孩子，他即时赶到急诊，陪在弟弟身边，让我安心不少。到了医院，果然，我的忧虑跟医师一样，我们都怀疑是脑膜炎，但我又想，没有道理他会有脑膜炎呀？后来，急诊医师将他隔离抽血，那个晚上我都不敢睡，守着电话等着最新状况。"现在抽血了，刚打上点滴，仍在等检验报告。"直到凌晨3点来了回电，诊断结果为脱水，血液中电解质不平衡，打静脉点滴之后就没事了。

原来，儿子因为考试太累，忙到喝水量不够，再加上拉肚子，造成体内电解质不平衡，症状很像脑膜炎，可把我吓坏了。事后，儿子的室友送了一个水瓶当作出院贺礼，而我也买了一台小型果汁机，让他能在忙碌的课业中，用各种蔬菜水果打成果汁，补充水分的同时也补充养分（果糖、抗氧化剂、矿物质和维生素）。

在美国生活，不怕肉类吃不够，只怕蔬果摄取不足。孩子住校很难要求他们吃够蔬果，尤其到了考试期间，根本没好好吃东西。他们的学校餐厅在用餐时间也会提供水果，有了果汁机之后，儿子常常留些水果回到房间打果汁喝，他的同学看了觉得挺方便，不少人也跟着效法。

Q 如何正确补充水分？

激烈运动之后若排出大量汗水，其同时会流失水分及电解质。水分要适度地回到细胞内需要适度的渗透压，而渗透压的平衡与电解质有关。换言之，需要适量的钠和钾让细胞膜内外形成平衡的压力状态。

如何使用渗透压平衡水分？可以在市面找到由药厂调配好专门提供给发烧和腹泻者的专用电解水（Pedialyte）；此外，也可饮用运动饮料，或用碳酸饮料（不含色素的汽水）加入少许食盐，以补充流失的水分及电解质。

要留意的是，运动饮料的配方设计，除了重要的电解质，也添加了过多的不必要的糖。虽然，运动饮料含糖量是一般汽水或可乐含糖量的一半，但基本上每100毫升的运动饮料含有11克的糖（相当于3包糖），一瓶运动饮料的容量约250毫升至500毫升，喝完一瓶，在无形中就会摄取过多不需要的糖。

日常的运动，只需补充水分，加上一两片苏打饼干和一根香蕉或橘子，简单且足以补充流失的水分和电解质。也就是说，日常运动后绝不需要饮用运动饮料。

最后，有一个很重要的提醒：勿将标有♳塑胶水瓶放入冷冻库，在解冻的同时，塑胶瓶会释放毒素，导致水污染。

此外，可放冷冻箱的塑胶袋和三明治的塑胶袋，两者塑胶密度不同，三明治的塑胶袋不宜放入冷冻箱内。而盛装食物或水的塑胶容器若标有♳、♴、♵、♶皆不宜放入冷冻箱或微波炉内，尤其是保鲜膜绝对不要和食物一起放入微波炉加热。

外食该如何点餐最健康

不在家吃饭，我一样会在餐桌上和孩子讨论食物。我们家不是完全不外食，偶尔也会到餐厅打打牙祭。坦白地说，外面的食物确实比较好吃，因为有各式各样的调味料，但也因为如此，我在点菜时更要把关，坚持二不原则，顺便也教导孩子为什么。

第一，不点叶菜类。我当营养师的初期需要管理医院厨房，见识厨工的前置作业，我知道他们怎么洗菜，更不用说一般规模小的餐厅，有的甚至随意冲一下水就算准备完成了。所以，我们外食时，点的蔬菜类会是四季豆、青花菜，这类青菜至少比较干净，若要绿色叶菜类就点豌豆苗。

第二，不点红烧类。因为这类食物必须事先做好。谁会临时做红烧狮子头、红烧蹄髈、红烧鱼？所以我点菜以清炒或清蒸为主，这种烹饪方式，食材一定要新鲜，食材不新鲜马上就能吃出来。很多料理都用酱料来掩盖味道，偶尔哥哥喜欢吃左宗棠鸡，我会稍微破例。

而当我想控制体重时，就该设想如何将肉类的脂肪去除。猪肉和牛肉的油脂很难剔除，而且有油花才好吃呢；鸡肉和鱼肉就比较容易，油脂就存在于皮与肉之间，不像猪肉和牛肉，在五花、梅花的夹缝中生存。

在餐厅吃饭，大原则要让孩子知道为什么点这些菜，当然孩子会想要试试新口味，而我们通常会点在家比较没机会尝到的食物，我也会观察孩子的喜好，回家试着做出相似的菜肴。

另外，**外食的机会教育也包括金钱管理。通常我不希望孩子点饮料，宁愿把钱花在主菜上，或者在预算有限下，让孩子学习要怎么取舍口腹之欲。再者，餐桌礼节及如何与服务生的应对也是机会教育的重点。**我从不帮孩子点餐或要求加水，但我绝对要求应有的礼貌，提醒方式是餐桌下的暗示。

而吃自助餐（Buffet）又是另一个课题。英文Buffet被孩子音译成"包肥"，其实还满贴近现实的。吃到饱的自助餐常常会摄取过量或摄取不当，我的原则很简单：就是一定要吃凤梨、木瓜和奇异果这三样水果。

因为这三样水果富含蛋白质分解酵素。凤梨含凤梨蛋白酵素（Bromelain），木瓜含木瓜蛋白酵素（Papain），奇异果含Actinidin，类似木瓜蛋白酵素。自助餐最担心摄取过多肉类，而这三种水果所含的蛋白质分解酵素可以帮助消化和排便。再者，吃腌制类食物如热狗、香肠或烤肉，一定要配上一杯橘子汁，这类含有亚硝酸盐的食品，切忌和乳酸饮料一起吃，会有加速癌细胞生成的危险。

把握大原则，偶尔满足口腹之欲，也能吃得健康又安心！

✗25 小良妈妈的餐桌哲学：原来胆固醇不完全是坏东西

有一年回台湾带孩子在台北东区用餐，那是一家高级日本餐厅，当时两个孩子吃得赞不绝口。两年后，他们先回台湾，兄弟俩凭着自己之前的一点印象找到这家餐厅大吃一顿，等我回到台北之后就请求我再带他们去一次，强力推荐一道虾料理。

"妈妈，你尝尝这虾肉，很鲜！"儿子把虾头啃下吐掉，吃得津津有味。

"亲爱的，这虾头可以吃呢！"我示范吸吮着，他们看得目瞪口呆，半信半疑地跟着我做。

"是耶，好鲜甜。上次来都不知道这可以吃，真浪费。"儿子露出遗憾的表情。

"好吃是好吃，偶尔吃就好，不要多吃，有很多胆固醇。"当过营养师的妈妈正准备搬出专业理论时，两个儿子已经开始吃下一道菜了。

Ⓠ 什么是胆固醇？

大部分人对胆固醇认识不够，就认定是个对健康有害的物质。第一，胆固醇仅来自动物性食品，植物性食物不会有胆固醇，所以有些花生酱或花生的包装上标榜"零胆固醇"，完全是广告手法误导消费者，因为花生、花生酱本来就没有胆固醇。第二，胆固醇主要存在于动物内脏。所以虾背面的肠泥拿掉后，虾肉基本上没有胆固醇，而虾头是胆固醇最多的部位，龙虾亦然。在美国吃龙虾普遍便宜，中国人最无法忍受的即是美国人把龙虾头丢掉不吃。

以此类推，餐桌上食用的花枝已取出内脏，所以没有胆固醇；而文蛤、牡蛎等贝类海鲜，食用的整个肉体包裹着内脏，胆固醇当然高。另外，鸡蛋的胆固醇在蛋黄部分，蛋白没有胆固醇，所以有些人怕吃太多胆固醇而不吃蛋黄。但我经常提醒，蛋白、蛋黄一起才能孵出小鸡，营养成分才完整，吃下一个蛋的胆固醇只占每人每日所需的74%。若还是很担心的话，可以只吃一半的蛋黄。基本上摄取不超过一个半的蛋，并不会超过一天的需要量。

即便完全拒绝摄取胆固醇，人体还是会自行合成，因为人体的荷尔蒙、神经髓鞘都需要胆固醇，没有胆固醇就没办法合成荷尔蒙。

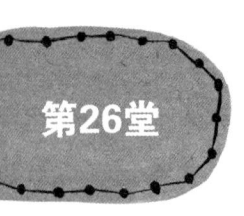

家有过敏儿，请小心吃

　　大儿子在幼儿园时，有一个小女孩吃完午餐后，脸部突然出现一个巴掌印，像是被人赏了耳光似的四个手指印，老师见状，相当紧张，但班上没有人承认打了她，而女孩自己也说没发生任何事。后来，老师带她去了医务室，把家长也请来了，才知道原来是女孩对花生过敏，正巧坐在她旁边的同学午餐吃花生酱三明治，他的手不小心沾到花生酱，没洗手就摸了她的脸，才会引起过敏反应。

　　后来，听到一则新闻：有一大学生参加派对，不知道甜点里加了花生酱，拿起来就吃进肚里，没想到引发严重过敏反应，目击者立即打电话求助救护人员，当救护车赶到时，这个大学生已经回天乏术了。初闻此类过敏事件时，我觉得怎会这么夸张，只不过是吃一小口，就会致命？但当我们发现自己的小儿子也会过敏时，我才知道这一点儿也不夸张。

所谓食物过敏，是食物或食品中某些成分经由小肠进入身体内，而激发身体免疫系统，将其视为生理上的敌害，而引起免疫系统攻击过敏原所产生的反应。最初期的食物过敏现象会呈现在皮肤症状或腹泻，父母可寻求过敏专科医生经由皮肤试验找出过敏的物质，以避免发生憾事。若从小给孩子吃的食物愈简单愈好，一有过敏现象出现时，就比较容易找出真正的过敏原。

一旦了解过敏的原因，改善过敏现象唯一的方式就是远离过敏原和任何会伤害小肠绒毛或皮肤的物质，例如化学物质、色素、香料、农药，以及某些蛋白质（例如海鲜、坚果、面筋、花生及黄豆等）。**所以选择食物时以新鲜、污染少的食物（例如有机食物）为主，避免食用加工食品，达到减少过敏原出现或加乘作用的可能。**

饮用牛奶而有腹泻现象，则是对牛奶中的乳糖有乳糖不耐的现象。因为小肠中没有足够的乳糖酶，针对牛奶中的乳糖进行分解，而引起胀气、腹泻，虽不是过敏，但长期刺激会对小肠绒毛造成伤害。此外，加强饮食中 ω-3 的摄取也可减低过敏反应。因为 ω-3 具有抗发炎的生理功能，同时减少摄取会导致体内发炎的 ω-6。

✕26 小良妈妈的餐桌哲学：
不可忽视外用产品对过敏儿的影响

有一年，我们住在加州，那时小儿子才一岁左右，爸爸和他一起在餐厅玩、吃东西，突然听到爸爸的呼喊声，催促我快点下楼。

"弟弟不太对劲，他嘴唇怎么发紫？"爸爸紧张得手足无措。

"你给他吃了什么呀？"我发现弟弟的手指甲和脚指甲也都发紫。

"我在吃开心果，他想吃就剥了一点给他吃。"爸爸一脸无辜。

"那一定是放太久发霉了，不要吃了，把它丢掉啦！"一大包开心果就这样被我扔进垃圾桶。

我马上打电话给儿科医师，描述儿子的情况，医师要我赶快先让他喝抗过敏药水（Benadryl），隔天再带去就诊。当晚暂时将症状压下来，我上床睡觉前，忽然想到应该要带上物证，赶忙下楼取回垃圾桶里的开心果，第二天一起带去化验。

通常，要知道过敏原要做一系列皮肤测试，但因为他年纪太小不能做那么多皮肤试验，因此医生帮他抽血送去化验。化验结果出来后，得知儿子不只对长在树上的坚果类过敏，举凡所有带壳的海鲜，如虾、螃蟹、蛤蜊、蚵仔等等，他都要敬而远之。

但在儿子四岁时，我们又让他误食一次。那年我们要从加州搬回纽约，朋友帮我们办欢送会，弟弟想吃冰淇淋，当时我很累，没特别注意，看了一眼冰淇淋是香草口味，也没发现里面有坚果类颗粒，就放心地让儿子大饱口福。不料，他还没吃完，脸上就出现红疹，甚至开始呕吐。我警觉到是食物过敏，马上让他服用抗过敏的药。原来，坚果被磨成了粉末以增加风味，这是我始料未及的。

没想到，儿子六岁时又发生更严重的一次过敏。当时我带大儿子去上小提琴课，上课前大儿子说肚子饿，我又不能让他饿着肚子上课，就在老师家附近买了饼干暂时充饥，旁边的弟弟也想吃，饼干上并没有任何坚果小颗粒，就把饼干留下让弟弟吃，我便带着哥哥上课去了。

后来听爸爸转述，我们才离开没多久，弟弟身上就出现一大块一大块的红疹，爸爸不知道怎么处理，赶紧带他去找厕所催吐，希望把饼干吐出来。当我们下课时，迟迟等不到人，那时也没手机，半个钟头后，见到他们父子俩姗姗来迟，而小儿子的脸已经整个肿起来了，原来那个饼干被其他含坚果的饼干给污染了。

我二话不说，赶快带他们到医院急诊，甚至不用任何证件或手续，医生紧急由静脉注射点滴，暂时把症状压下去，因为过敏反应太强烈了，儿子全身还是水肿。那次真把我吓坏了。

食物所引起的过敏是很危险的事，过敏反应会愈演愈烈，因为身体的免疫系统已经认得这个东西了，下次这个东西再进入身体时，身体的防御系统立即认为它不好，全身上下展开攻击、强烈抵制。所以，这次就算三个小时之后控制住了，但儿子的脸一直肿到第二天还没消。

对食物过敏的人，甚至连外用也会过敏。纽约的冬天很干燥，儿子的皮肤常常干得红通通的，皮肤科医生推荐一种不含香精的乳液，99%的人用了都没问题。儿子使用后，脸上还是红红的不见改善，当时我觉得一定是没擦够，因此在他出门上学前，又让他多涂抹些。

不久，我接到学校护士打来的电话，她知道儿子有坚果过敏的问题。电话里，她劈头就问："你给你儿子擦了什么？"我说那是医生建议的乳液。她拜托我看一下成分标示，其中是否含有杏仁油，因为儿子过敏了。一看，真的含有杏仁油。哎哟，我已经很小心了，但从没想过乳液里面有杏仁油。直到儿子念大学了，还是防不胜防，有一次，儿子的头发掉得很厉害，就像鬼剃头一样，原来是因为他使用的洗发精含有杏仁油的成分。

对有过敏孩子的父母而言，不仅要看食品标示的营养成分，还要看是用什么原料做的，尤其是容易被忽视的外用产品。

后来，我们加入Medical Alert这个服务，让儿子戴一个手环，上面刻有他的病历号码及免费服务专线，为了安全考虑，不可以刻家里电话或本人姓名。儿子的病历资料就存在这个专线单位。当发生紧急状况，孩子不能讲话、无法表达时，任何人发现就可立即打专线电话求救，甚至医疗人员也可以根据病历号码得知病情，以确保处理得宜。除了戴手环以外，我还让他带针筒，万一出现严重的过敏状况，打针的效果最快速。

我用我的母亲在我20岁送我的一条白金项链，加上一个Medical Alert牌子，牌子上刻有他对哪些东西过敏。在小儿子18岁时，我将这个礼物送给他，也代表我对他最大的祝福，就是希望他平安健康。

Q 过敏儿父母要特别记录小孩的饮食状况

常见的过敏原通常都是蛋白质分子，当身体已经认得这个蛋白质分子，这个蛋白质分子第二次进入身体时，身体就会有反应，告知免疫系统，这些不受欢迎的东西再度进到体内了，就会对它们猛烈攻击，造成过敏反应。只能说身体免疫系统的记性可是非常好的呀！

因此，**小孩吃什么东西后发生过什么现象，父母都要记录下来，再给他吃同类、不同种食物时须确认清楚，或者请专科医生检查诊断。**尤其吃到肚子里面的食物，若是长期有过敏原的刺激，会造成小肠绒毛发炎、萎缩，如果没有提早发现，适当调整，将会影响小孩的生长发育，父母不可轻忽。

吃是人生中最美好的事

为了暂时避开纽约冬天的天寒地冻，一家人决定只带着短裤和T恤到佛罗里达度假，到了迪士尼乐园放眼一看，不论是大人、小孩，80%的人都有身怀赘肉的体重问题。在无意中听到几位一同出游的非裔父母亲，以非常自豪甚至是炫耀的口气大声地说，他们花不少钱让孩子吃减肥餐（Weight Watch）。我一阵心痛之余，哥哥忍不住用中文非常愤怒地对我说："我若是他们的孩子，我会告他们虐待。"当下我也只能告诉自己的孩子，父母的无知确实是严重伤害下一代。我很难理解为什么父母无法教导孩子以正确的态度享受食物，而开口闭口"减肥"，不是每个人都要当芭比娃娃或超级模特儿。孩子的体重除了某些先天因素之外，态度上父母扮演着非常重要的角色。上天给了我们舌头上酸、甜、咸、苦和鲜味的五种味觉（辣觉是神经的刺激）。如今许多加工食品和餐厅餐点为了满足口味，添加许许多多的调味品，以致破坏品尝食物真正的原味，甚至如毒品般的上瘾（例如洋芋片）。

家庭伦理，要关注父母教养孩子的态度，因为饮食行为从小养成。以往营养师给人的印象是限制他人什么能吃，什么不能吃。我一再主张，营养知识是协助我们在享受美食时吃得更健康，而不是拿来与食欲互相抗衡的武器。具体的例子，许多人开口闭口减肥，医疗人员及卫生单位不断呼吁大众体重管理，这一点儿都没错，许多流行病学及医学研究证实肥胖与许多慢性疾病绝对有关，但解决现代人健康方面问题不能只用体重数字下降来判读其成效，而应该是探讨如何让饮食行为的品质上升以增进健康的品质。父母本身对饮食行为的好恶，要具备正面态度。例如常听见不少妈妈会喊着："哎呀，我太胖了，要减肥啦！"这些妈妈是不是真的肥胖，还是只是一种口头禅，事实上并不太健康。妈妈要先懂得爱自己，才能展现给孩子正确的观念，教导他们也爱自己。许多研究也不断证实，年轻的女性为了保持身材而采用不正确的方法节食，进而影响心理及生理健康，让人忧心的是这些年轻的女性是未来的母亲，她们没有正确的饮食行为及观念，将来如何教养下一代？

尤其千万不能以外形来论断孩子，身高、体重绝非衡量

健康与否的标准，重要的是从行为与精神状况判定，有的孩子很瘦，但体力可好呢。所以，别再对孩子说："你这个矮冬瓜，再不吃就长不高！""你这个胖小孩，还在吃零食！"

✗27 小良妈妈的餐桌哲学：可以品尝各种食物，多么美好

我打从心底感恩、珍惜能够品尝食物，记得大学联考前的那段日子，因为肠粘连，我来来回回进了医院急诊很多次。最严重的第三次手术，我已经被医生通知家属病危，躺在病床上的我感觉手脚不听使唤，但脑筋还很清楚，我听见父母亲隐隐约约的啜泣声，弟弟妹妹也在我床边哭。事后我经常想，人要过世前是不是就是这种感觉？当时我有一个很强烈的感觉就是不甘心，我才十七八岁就走了？回头看我的人生是一片空白，除了念书什么都没有。这个不甘心至今仍不断地提醒、鞭策自己，有一天当我真的走完人生这条路时，绝不能让自己的人生留白。另外，我强烈感觉就是渴望食物，因为插胃管让我已经很久不能进食，连水都不能喝，只能靠护士用棉棒湿润我的嘴唇，一滴水对我来讲都是很美好的事。直到今天我都记得，以为要临终的自己，最大的希望就是可以喝一杯奶昔。排气表示肠子在蠕动，开

刀的人放屁之后才能吃东西，所以那时对我而言，放屁排气是最好的事。

我在演讲时经常说的一句心里话是："人活着最美的一件事，就是可以品尝各种食物的美味。"让我感恩的是，曾经大病一场，躺在床上无能为力，走过一回鬼门关，在医院当营养师期间，很多病人跟我成为好朋友，因为我深知他们在病床上的感受。而今我无法理解，为什么有人愿意让自己和孩子放弃享受品尝食物美味的特权，这是人一生中最美好的事，而以减肥餐或吞服减肥药来取代。减肥餐不可能真正满足任何一个人在心理或生理需求上的饮食，此外更无法达到味觉的满足。所有动物都可以拥有嗅觉和味觉两种功能，人类的嗅觉没有许多动物来得敏锐，但老天唯独非常厚待人类，我们与生俱来在舌头上具有品尝甜、咸、酸、苦和鲜味的味蕾（胰脏、小肠和大肠也有味觉），味觉让我们寻觅有甜味（糖类）的食物，代表其中含有体内需要的热量，以及所有54种体内需要的营养素。而苦味是一种自卫的保护机制，虽然有毒的物质经常带有苦味，但某些有益健康的植物性食物和药物也具有不同程度的苦味。父母自身及教导孩子珍惜这种天赋的功能，细嚼慢咽，满怀感恩食物给予的能量之外，感受体验真正的自然风味、质感。食物的香味必须经由口腔后端，将香气的信号传到鼻腔上方，再由鼻腔将信号送到脑部（当严重鼻塞或捏紧鼻子时就出现食不知味），要真正品尝食物就必须闭上嘴，慢慢咀嚼，将香味由口送到鼻腔去感受。匆促用餐不仅导致摄取过量，且暴殄拥有珍贵无比的味觉功能，是何等可惜的事，我们要学习珍惜及享受品尝食物的天赋特权。

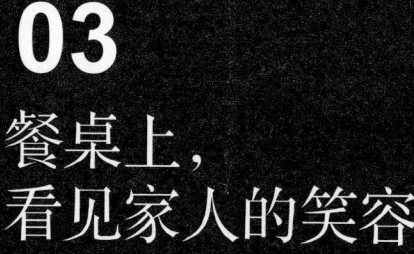

03

餐桌上，
看见家人的笑容

拉近亲子关系，从孩子的朋友开始

家父因为工作关系，交友广泛，他经常请朋友到家里吃饭，当然也因为他对母亲的厨艺相当自豪。后来我也会邀请好友来我家吃美食，包括汉光出版社的宋先生、贺先生，及傅先生，因为我感恩他们对我的照顾与专业上的认同，所以请他们到家里来吃母亲做的面食。

现在，我同样让孩子请朋友到家里吃饭，通常孩子不可能请刚认识或一般的朋友来家里，必定是非常接近且要好谈得来的朋友。而孩子也一定是对自己家里的餐点有信心，且对自己家人的认同，想展现自己家里温馨的一面给他的朋友。此外，我也别有用心，希望借此拉拢孩子的朋友，和他们建立良好关系。

把孩子的朋友请到家里是最好的"买通"方式。当他们来到家里时，我会先询问："介不介意我留下你的电话号码？万一有事是不是可以跟你联络？"征求他们的同意，而我的孩子也知道妈妈做的这些"小动作"，但他们从未反对我这么做！

当我的孩子在外面有什么事情时，我会打电话给他的朋友。例如儿子心情不好，我会暗中先发信息给他的好友，问对方介不介意我耽误他几分钟，对方回复不介意后，我再打电话去问他的好友，探听是不是发生了什么事？如果有事，我会请他的好友帮我安慰他或鼓励他。毕竟孩子待在学校的时间很长，也不见得所有的事情都会告诉我，当妈妈的总是会牵挂和担心。

当然要"买通"孩子的好友，还得好好下番功夫。邀请他们的朋友来家里吃饭，我会事先与孩子讨论菜单，并了解他们朋友的饮食习惯。在孩子比较小的时候，我会直接问对方的父母，后来就让他们自己去问朋友。父母可以借此慢慢训练孩子，引导他们观察和尊重朋友的喜好，可以请他们想想："他的妈妈平常给他吃什么？"或"你和他在一起时他都吃什么？"并且告诉孩子："你的朋友是我们请来的客人，我会尽量准备他们喜欢的餐点，避免他们不吃或禁忌的食物。"

特别要问他们的朋友有哪些东西不吃。尤其在国外，每个家庭有不同的限制与禁忌，例如中东民族除了不吃猪肉，还有很多食物必须有特殊仪式才能吃；犹太人奶制品和肉类不能一起吃，不吃贝壳海鲜类等；台湾也有许多家庭不吃牛肉。除了要避免触犯禁忌外，最重要的是要了解孩子对哪些食物过敏（过敏儿吃错食物可不得了呀）。

此外，知道对方喜欢吃什么，这让我方便准备食材。如果孩子说要吃烤肉，我会问："为什么要请朋友吃烤肉？"孩子会回答："是我想吃的。"我同意了孩子的要求，但会继续问："你是不是要跟朋友分享？那我会准备，可是你要告诉朋友，你为什么要选这道菜？"让孩子去思考。**在讨论菜单的过程中，可以让孩子加强对选择食物的判断力；再者，更可利用这个机会，加入孩子平常不吃的食物，在同侪的陪伴下，孩子通常比较愿意尝试。**

准备的餐点上，我通常会端出代表我们家的中式料理。我不仅会让菜色均衡，还有不同的口味和烹调方式，有淡的、咸的，有炸的、蒸的、炒的，并使用多样食材，一定有米饭，而且会特别注意避免出现会让人觉得奇怪的食物。点心方面，我会准备小巧尺寸，较有中式代表性的面食，例如叉烧包，客人对这款点心的接受度很高。至于饭后水果，我则会挑选平常比较少见的种类，例如火龙果、杨桃等让他们开开眼界，增加餐桌上的话题。

看着孩子们围绕着餐桌，边吃边聊，露出开心的笑靥，我知道，我已经成功"收买人心"了！

✗28 小良妈妈的餐桌哲学：让孩子以你做菜的手艺为傲

让你的孩子以你做菜的手艺为傲！就像我的母亲一样，我的厨艺也在孩子的社交圈声名远播。大儿子读高中11年级时，有一天回到家里就跑来厨房找我：

"妈妈，我12年级的学长快要毕业，他跟我要毕业礼物耶！"

我听了心想，这位学长如此不惯厚，还跟学弟要毕业礼物？但我还是很好奇地问儿子："他想要什么样的礼物？"

"学长跟我说，可不可以在他毕业以前，请你帮他做一个便当？"

我当然同意了。隔了一年，换成小儿子来问我，可不可以帮他的要好同学做一个便当，因为那是他同学想要的生日礼物。其实，我的感觉很复杂：一方面我很高兴孩子的同学跟他们要便当，表示我做的便当还不错；但另一方面我不知道当他们的父母知道这件事时，感受如何？

因为美国学校不提供微波炉或蒸饭服务，而哥哥又不习惯吃冷食，所以我都是用保温便当盒。这种便当盒使用上有技巧，保温盒一定要先用热水烫过、拭干再放入菜肴，保温效果才会好。另外，油炸食物要多放一张吸油纸，这可吸收油脂和水分，否则到中午就不香、不脆了。若是需要保鲜的食物，必须使用保冷剂，我会用双层小夹链袋装酱油或番茄酱冷冻，因有盐分，保冷时间稍微长一点。

最初大儿子并不愿意带午餐餐盒，我没强迫孩子一定要带餐盒的主要理由是因为纽约市的孩子下课后同学各走各的，午餐时间是他们在校唯一的社交时间。后来，因为他被甄选到数学队，中午用餐时间必须要集训，不能外出用餐，而且一堂课接一堂课地上，若饿到下课，根本无法专心上课，所以他自己要求我帮他准备午餐。

中午数学队集训，同时是他们的吃饭时间。他的同学都会凑过来看他那天带的午餐是什么，甚至老师也会开玩笑地问能不能和他交换便当。因为大家都只吃简单的三明治，甚至只用塑胶袋装，连个盒子都没有；而儿子的便当盒，不但内容每天有变化，而且便当盒的造型也常常不同。

各式各样的便当盒，是我特地从台湾采购回美国的，从小为他们收集的便当盒包括米老鼠的大耳朵、皮卡丘、中国龙等等造型，每天换不一样的用，同时还会放一些绿叶、小花朵等小装饰，以弥补菜肴颜色的不足。所以，孩子当天并不知道我会用哪个便当盒。当他打开看到时，就会有小小的惊喜，再加上同学羡慕的眼神，想必孩子一定吃得津津有味。而且当别人也想拥有时，孩子便更会心存感恩。

有些美国妈妈在准备餐盒时常会放小纸条，上面写着"希望你有美好的一天""你是我的宝贝，我爱你"之类的甜蜜小语。她们觉得孩子在外会想念妈妈，所以写一些温馨的字句跟餐盒放在一起。不管孩子还是大人，在外遭遇挫折、承受压力时，这样简单的小纸条，具有相当大的鼓舞与安抚作用，这些都是带便当很美好的附加价值。

当然有人会顾虑，这不是让孩子和别人不一样吗？我的想法是：为什么要一样？我尊重别人的不一样，我也希望别人尊重我的孩子的不一样，**对自我的肯定与认同，期待孩子尊重自己，尊重家人和朋友。**为什么要与别人吃一样的食物、穿一样的服装呢？每个人有自己的特质！

在餐桌上了解各国饮食文化，学会尊重他人

餐厅或速食店里，常见父母玩着手机，孩子无奈进食，甚至有些父母会在幼小孩子的食物之前摆平板电脑，让他一边吃一边看卡通片，这一幅幅沉默又诡异的亲子画面，让人完全看不见父母与孩子的交集，更别说交心了。

不管孩子多大了，跟孩子一起吃东西，都是最宝贵的交流时间，父母可以观察孩子吃的分量够不够？是不是身体不舒服？进食时，最能看出孩子的情绪、生理及心理状态，是观察孩子身心状态的最佳时刻。此外，一个人吃饭通常容易狼吞虎咽、吃完就算，有时根本不知道吃了什么；两个人以上一起吃比较会有食欲，也能让进食过程比较缓慢，细嚼慢咽，利于健康。

另外，一起进餐更是建立餐桌礼仪的关键时刻。曾有研究调查显示，孩子吃东西的习惯比较偏向妈妈，运动习惯偏

向爸爸。小孩爱不爱运动跟爸爸本身爱不爱运动有关，吃东西的态度则和妈妈关系密切。所以，为母者身负重任啊！

但我跟孩子一起吃饭，并非只是我在执行教导的角色，更常是我和孩子彼此互相学习。他们经历的环境跟我不一样，观察的角度也不同，当我们坐在餐桌享用美食时，他们常会讲些我从未听闻的餐桌故事。

他们观察入微地发现：台湾餐厅上菜习惯和美国很不一样。美国餐厅上第一道沙拉时，一定是共餐的人全部都上菜了，大家才一起吃；台湾则是某人的菜先来，就会听到有人说："你先吃，没有关系！"我的孩子觉得很奇怪：应该大家的菜同一时间到齐，大家一起吃呀！

孩子们跟我聊到在台湾的饮食心得，是我从来没有发现的现象，而它确实存在已久。除了台湾让他们常常有新发现，美国大熔炉里的异国料理，也常常是我们餐桌上的配菜（话题）。

大儿子念的布兰迪斯大学（Brandeis University）早期建校以犹太人为主，他经常在礼拜五晚上穿着正式服装，戴上犹太小圆帽，跟着同学，大大方方地到犹太人家庭去做客，虽然他一看就知道不是犹太人，但仍受到热情的款待。

他观察到犹太人对食物有很多规矩，例如肉类和乳制品不能同时吃，而且使用的刀叉和锅子也得分开。犹太人只吃会反刍和分蹄的食草动物，像牛、羊和鹿等；不能吃猪肉，因为猪吃类似垃圾的杂食；海鲜只吃有鳞和带鳍的鱼类，不能吃带壳的海鲜，如虾蟹（也是吃海底垃圾）。

我在1984年到美国受训时，带领我学习的营养师也是非常传统的犹太人，礼拜五晚上，她也会邀请我到她家用餐，因为星期五对犹太人来讲是重要的一天，这一天餐桌上必定有面包、红酒和蜡烛这三样东西，其中面包代表粮食，红酒能让人生更美好，蜡烛则象征光明。

我和大儿子经常讨论犹太人的饮食习俗，现在他可比我还懂！经过讨论，后来我发现犹太人许多想法和华人很接近，他们也玩麻将，犹太人妈妈也跟华人母亲一样，非常重视孩子的教育，严格程度在美国社会的名声跟中国虎妈不相上下。

在美国生活，常有机会碰到不同民族的朋友，各民族对餐桌礼仪也有不同的禁忌，在这方面，两个孩子显然比我还有经验。

两个儿子都曾分享过身边的韩国同学的盛饭禁忌。韩国人用碗盛饭绝不可以像中国人那样堆成尖尖的或呈半圆形，因为像个墓塚似的，不吉利，所以韩国同学到中国餐馆吃饭，最看不顺眼的就是服务人员呈上桌的这款米饭。

我在婚前去日本时，也遇到过类似的餐桌禁忌。在台湾我们见到有人夹起粘住蒸布的饺子时，我们会用筷子帮忙压住蒸布，协助对方取用；但是在日本，当我做出这样的举动时，却被日本友人强烈制止，因为在日本，两双筷子同时夹取的动作，只有"捡骨"时才会发生。

我们在餐桌上分享各国人的饮食习惯，是在教孩子懂得尊重别人，而不是调侃别人为什么那么奇怪，并为餐桌上美味的料理增加许多缤纷的笑声。

✗ 29 小良妈妈的餐桌哲学：不同文化的饮食趣事

各国饮食文化不同，我们也会贴心地替对方着想，因此有时会发生有趣的现象。某日，我们夫妻跟几个朋友一起吃饭，其中有两名中国朋友。当时我们去的是中国餐馆，但配有中西式餐具。上菜之后，两个中国朋友为了不想让对方"举箸"维艰，便使用刀叉，而外国朋友和我们都拿起筷子，那一瞬间，外国朋友觉得很纳闷：吃中国菜当然使用中式餐具呀。

以前我也碰到过和美国朋友吃饭时，他一见米饭上桌，我还没来得及阻止，他就将酱油往白饭上淋，简直快成了酱油饭了。因为他认为酱油是中国特有的食品，既然我们来吃中国菜，当然要吃出中国特色。我说，朋友呀，酱油是调味料，只是用来蘸食物的！

别急着要答案，贴心就在不经意之中

弟弟小学三年级时，我们全家跟几个华人家庭，从美国东岸飞到西岸的落基山山脉冰河公园旅游。7月份的冰河已经开始融化，潺潺溪流，清澈无比，领队告诉大家，冰河的水可生饮，而且很好喝。

好奇的小儿子喝了一口，赞声连连："妈妈，这水真的很好喝，我可不可以用瓶子装回纽约？"当时，机场安检还没那么严格，于是我同意让儿子装满两个水瓶，但心里不免疑窦丛生，难道他对食物的味觉，已经晋级到对水的敏锐度？就像喝葡萄酒的人自有一套评鉴的方式？

这两瓶水被带回纽约家中，一瓶放在冰箱冷藏室，每天晚上小儿子会倒一点点出来喝，把它看得无比珍贵，爸爸见状，说他好像在喝老酒一样。另一瓶被放在冷冻柜。起先我提出小小的抗议，请儿子不要占据我的空间，但他坚持且颇有警告意味地说："妈妈，你千万不准丢掉哟！"

从7月一直摆到10月底，那瓶水躺在冷冻库整整三个月，我三不五时就提醒儿子："冷冻库不大，那瓶水可不可以不要再摆里面了？"不论我好说歹说，儿子依然不为所动，语带威胁地说："你不可以丢我的东西，就是不可以丢掉！"

这些水从冰河区千里迢迢地来到纽约市的电冰箱里，儿子确实有充分的理由保留，我想他是不是为了要做实验，抑或计划创作一种纪念品？

有一天晚上，这瓶水终于从冷冻库被解放出来，事后我才知道，那晚他偷偷找爸爸帮忙，请爸爸隔天早上教他使用咖啡机，并且叮咛爸爸要保守秘密，不能让我知道。

我在早晨有煮咖啡的习惯，那天早上儿子抢先用咖啡机煮好咖啡，并且特别端到我的面前，对我说："妈妈，我用冰河水为你煮了一杯咖啡，祝你生日快乐！"虽然我知道那天是我的生日，但我毫无心理准备在一大早就收到礼物，而且是如此独具匠心，令人感动又惊奇的生日礼物。幸好，我没将那瓶水丢掉，不然可要伤了孩子的心了。

食物或者一杯饮料，里面便包含着无尽的爱，不管孩子对父母或父母对孩子，向对方表达对彼此的爱，就在这一杯咖啡里。

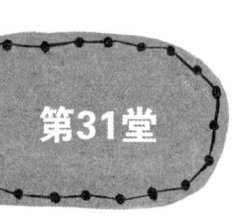

生日快乐！用惊喜创造共同回忆

现代人什么都不缺，缺的是惊喜，缺的是用心去创造让家庭拥有共同回忆的事物。

我会观察孩子喜欢什么东西，不管是吃的或用的，利用特殊的日子，表达我对他们的爱。在他们父子三人逢十的生日，我总会花点心思，给他们惊喜，虽然我那位做科研的博士先生永远无法记住我和孩子的生日及结婚纪念日。但孩子总会记得这两个日子，陪我逛街吃饭，也能从中得益，我则得到满心的温馨。当然先生也会得到好几笔消费的信用卡账单，谁叫他不摆在心上，活该！

先生50岁生日时，我用他之前曾经被血液学会期刊当作杂志封面的相片，订做一个看起来像一本书的蛋糕，并且注明他当了几年丈夫、当了几年爸爸、当了几年科学家，然后我和他的秘书串通好，佯称有事情请他到会议室，他并不知道我跟两个孩子以及他的同事们已经在会议室里等候了。

我永远记得先生进会议室时那个惊喜的表情！当时他和实验室的同事都没料到那是一个大蛋糕，还以为我只是把原来的杂志放大。那可是我花了他400美金找专人制作，一直没让寿星知道我花掉这笔钱。

2014年秋天是小儿子20岁的生日，早在半年前，我就开始联络、安排。小儿子生日当天，我和大儿子暗中安排了十位同学在餐厅等候，再由另一位同学把他带去我们安排好的包厢。

小儿子喜欢用领结，我事先准备好，让所有来参加的男生戴领结，女生则使用带有蝴蝶结的头饰。餐厅派对结束后，傍晚再移师家里用餐。

那晚我做了十几道菜，其中有一道是我生平第一次做的雪菜肉丝炒年糕，之所以选择这道菜是因为小儿子总会在餐厅点这道菜。这次我做的雪菜肉丝炒年糕，让20岁的寿星高兴得跑到厨房拥抱了我五次，不停地说："妈妈，谢谢你。"因为他知道这是我为了他的生日第一次做的菜，同学们更是赞誉这是他们在高级餐厅也从没吃过的佳肴。

我们在纽约的公寓24小时都有安全人员看守，通常家里有朋友来吃饭或是过年过节，我会从每道菜分一些出来准备成另一份餐点，让孩子送到楼下给值班的守卫，好让他也能分享我们招待客人或节庆的食物。有时候我忙忘了，他们兄弟也会提醒我要带点东西到楼下大厅。

那晚，来自非洲的值班守卫也吃了一份雪菜肉丝炒年糕，他说，他从未吃过这么好吃的菜，所以我们又装了一大盒年糕送给他当夜宵。

没想到第一次做这道菜，竟能赢得这么多游子的心及孩子紧紧的拥抱。虽说是第一次做，但我用了心在整个烹调过程，其中的雪菜，我是用新鲜小芥菜，切碎之后加点盐，拌匀之后将水分挤出来，放置于室温下一小时，就是自制又干净又好吃的雪菜。尤其小芥菜有苦味，最初兄弟俩都不愿意吃，但做成雪菜的过程中，加盐挤掉水分的同时，苦味也去掉一大部分了。

大儿子的生日是在12月底学校放假的时候，小儿子的生日则是9月刚开学，遇到新学期时，同学们彼此都还不认识，所以兄弟两人的生日派对，邀约筹划更具挑战性。我们家每年12月底都会前往纽约上州滑雪，大儿子20岁生日那年，我们照例到滑雪场度假。大儿子生日前一天，晚上回饭店休息时，他就开始打电话约同学陪他过生日，而小儿子就在旁边不断发信息给哥哥的同学，请他们婉拒哥哥，因为我们早就安排给他20岁的惊喜生日派对。

哥哥生日当天，只有两位同学答应陪他外出，而且同学要求去打保龄球，至于我们和他其他的朋友早就在球馆等着给他一个惊喜。

这些惊喜都是我们用心计划安排的，不是花钱买得到的，而共同度过的那些生日派对，也成了我们一辈子的共同回忆。

谈起这些，大儿子告诉我，他最怀念的是他五岁的生日派对。那年我们住在加州，请了很多小朋友来我们家玩。当时我注意到大儿子和这群孩子朋友喜欢的儿童电视节目《金刚战士》里，其中一个主角的名字跟大儿子一样，叫英杰，于是我雇请派对演员打扮成跟节目里一模一样的英杰，当天到我们家按门铃。

平日我们不让小孩去应门，那天我故意请所有小朋友陪大儿子去开门，没想到门一开，穿了一身红衣服且戴着头盔的演员一开口就说："你一定是英杰！我也是英杰，指挥中心派我来祝贺你生日快乐！"语毕，所有的小朋友惊声尖叫，认为真的《金刚战士》里的英杰来了，还有人吓到跑上楼躲起来哭，简直是兵荒马乱，儿子则是惊魂未定，但随即乐不可支。

"妈妈，我最忘不了我的五岁生日，等我50岁时，你还能再帮我办一次派对吗？"哈哈，最好是他50岁时，我还能想出怪招，给他一个生日惊喜派对！

✗31 小良妈妈的餐桌哲学：礼物与意义

　　大儿子20岁的生日礼物是一只名表，我选择这个礼物的理由是，今后日子的每分每秒都得靠他自己去珍惜，去创造他的人生。而小儿子喜欢独特的东西，凑巧，在他20岁生日前三个月，我在林肯中心前的手工艺术展当中，遇到一位来自非洲的艺术家，向他订制一个独一无二的背包。这位艺术家使用各种皮来拼构，有的皮是平滑的，有的是凹凸不平的。当我和小儿子一起前往取货时，这位艺术家告诉儿子，他的设计理念是：这宛如人生有高有低，而皮与皮之间的接缝正如人生中所留下的疤痕，必须把它缝得平整美丽！没想到我花钱买这份礼物，还可以学到这番人生的哲理，**同时也希望孩子能在他往后的人生中领悟这一段话，以正面积极的态度去面对每一个起伏与疤痕。**

妈妈，我们去哪儿？陪伴越早越好

每次回台湾，我总会带着两个孩子参加我的大小聚会。和老同学聚餐时，可让他们知道，妈妈也曾年轻过；和老同事聚餐时，可让他们知道，妈妈也曾为营养工作尽心尽力过。我带着他们去台湾各地旅游，吃美国没有的食物，看父母出生的土地，聊台湾美好的过往。

我去演讲的地方，常常也约孩子们一起顺游。有一次，我到南部演讲，从高雄联合医院搭计程车到小港机场，那次我们相约同游金门。事实上是孩子提出去金门的要求，我在百忙之中安排此行程。那天，因为演讲之后，我穿着一袭黑色套装，艳阳高照、汗水淋漓，随手招来计程车，我一坐进车内，司机便投以异样眼光。由于路程颇长，我和司机聊了起来。

"你穿成这样去金门？"

"刚演讲完，为了赶飞机，来不及换，我儿子在金门等我。"

"你儿子在当兵？"

"不是，他们从美国回来，今天一早先去金门，我再飞去会合，我们要在金门玩两天。"

"你孩子多大了？自己坐飞机去？"

"一个今年大学毕业，一个大三。"

"我从来没听过孩子上了高中之后，还会跟妈妈出去玩，而且是儿子。"

当时我笑了，没接话，因为我不能对司机说，这多半是父母自己造成的，因为没有花时间在孩子身上，孩子自然与父母不亲近。事实上，司机讲得也没错，这是普遍现象，基本上孩子上了中学便开始与父母慢慢疏远。

亲子关系是从日常生活中积累下来的。我曾开玩笑感叹："没有女儿，将来我老了谁能陪我逛街？"但是，直到现在，我的儿子还会陪我逛街买各种东西。

这是一种付出，端看要早付，还是晚付，但我觉得：愈早教导、陪伴孩子，愈容易让孩子把陪父母养成一种习惯。不要等到孩子都大了，才想修复亲子关系或者怨叹孩子都不理你。孩子是一块泥，由父母捏塑而成，要挑时间、选方法，不能等到他长大了才去捏，那时候泥巴都硬了，捏不成，还会弄痛手。

❌32 小良妈妈的餐桌哲学：
孩子就是最贴心的朋友

在去金门旅游的前一晚，仍在医院从事营养工作的大学同班同学邀了几位大学同学聚会，我请求带两个孩子一起前往。当我和先生有任何社交活动时，我们一定是带孩子一起出席。两个孩子和我一起参加大学同学聚会，最初称呼我的同学为叔叔、阿姨，后来几杯黄汤下肚后，开始跟我的同学称兄道弟起来，拿起酒杯说："大哥，我敬你一杯！"我心想，这是什么啊？没大没小的。当晚，我这个妈妈可是坐立不安，他们一会儿喝烈酒，一会儿红酒，一会儿又喝台湾啤酒，我担心兄弟俩喝醉，而且次日一大早，我得赶第一班高铁南下高雄演讲，兄弟俩要搭第一班飞机前往金门。他们可不知道我心里七上八下的，尤其是小儿子如鱼得水。因为在美国，21岁前不许公开喝酒，即将满20岁的小儿子在台湾可以开心地合法喝酒。当时，我担心归担心，却没有阻止他们，原因是我看着这一景象，让我感慨时光稍纵即逝，我和大学同学相遇相识的时候，不也正是两个孩子现在这个年纪，甚至更年轻。如今我们都已跨过中年了！而且，孩子们是那么开心，和大家打成一片，我怎么忍心阻止？有个同学讲了一句心里话："你们兄弟俩真幸运，有机会和长辈喝酒，听听你妈妈年轻的往事。在我们年轻的那个年代，这是不可能的！"没错，今天我的孩子是我最贴心的朋友（并已荣升为酒肉朋友）。离开餐厅时，兄弟俩确实已饮酒过量，招了计程车迅速回家，回到家未进房间前，我要求两个人各吞下两粒维生素B群，然后各自回房，数分钟后，两人已呼呼大睡。

注：维生素B群可以帮助肝脏代谢酒精，有所谓的解酒功能。

找回自我，也是全家幸福的关键

　　放弃工作，选择全职家庭主妇完全是基于我个人的价值观，并没有想要得到任何人的赞美。孩子出生前，我拥有一份薪资不错的工作；面临72小时博士资格考试的同时，我历经非常辛苦的妊娠期。或许是得子不易，所以在面临专业与家庭的取舍时，我以个人价值观作为决定性的关键点。

　　我很清楚我放弃的是一份用时间来交换薪资的工作，并不是放弃我热爱的专业。当时，我的薪水扣除所得税、保姆费用、置装费、交通费和交际费后，所剩无几。双薪只让我们拥有一些不一定需要的东西，而且我已经错过孩子出生后两个月的点点滴滴。因此我告诉自己，钱可以慢慢赚，学位可以慢慢念，但孩子不能等我把钱赚够、学位拿到再长大，孩子的成长无法重新来过。直到现在，我真觉得我当时的决定正确得不得了！

在当了近二十年的全职家庭主妇后，当大儿子进入大学、小儿子高三那一年，我才重返校园，攻读博士学位。我还记得那个周末，爸爸开车送大儿子回位于波士顿的学校，小儿子也顺道去看看麻省理工学院，那是我第一次没陪孩子出远门。我一个人待在家里准备72小时的博士资格考试。当时，我并不十分有把握可以考过，不过，幸运的我竟然过关了。所以当儿子高中毕业后，我就全力以赴写博士论文，当然，也因为兄弟两人大部分时间都不住家里，我的重心才从厨房转移到图书馆。

我用两年半的时间拿到营养教育博士学位，在我博士论文口试答辩通过的那天下午，我的指导教授和另外几位教授请我跟其他博士班的学生分享心得。由于当时我的心情仍澎湃激昂，所以在分享时不经意地脱口而出："写博士论文不是件太难的事，只要找对研究题目，付出时间、精力和专注力，遵循指导教授的方向，就能达到目标。而**为人父母者，困难度却远远超过拿博士学位，因为教养孩子的差异很大，没有指导教授，也没有规则可循，无法预测最后结果。**"

在场的年轻学子，仿佛听着一位欧巴桑叨念着，不禁莞尔。我在兴奋之余继续抒发心得："对父母而言，孩子20年的成长过程中，从学龄前、学龄期、少年期、青少年期等，每一个阶段都是一个挑战，每个阶段所要付出的心力，都相当于一个论文研究课题。所以**每位父母教养一个孩子长大成年，尤其是第一个孩子，可以说等于拿了三个到四个博士学位。"**

掌声中，我笑开了。可不是吗？比起20年前的八个"博士学位"，现在这个大学博士学位，似乎拿得比较轻松自如！

就如我在博士论文首页的感谢词所写的："我是天底下最幸福的女人，因为在我的生命中拥有三位心地善良、懂得尊重他人的男人。"如今我们四个人仍然在异乡，互相鼓励，寻找自己在专业上的梦想，这一切原动力来自我们彼此从未对自己或家人放弃，把握每一个机会，坚持自己的信念，面对问题接受挑战的勇气。我常对两个孩子说，妈妈并不聪明、不能干，但很勇敢；也不断告诉两个孩子，他们的爸爸对这个家最大的贡献就是：让妈妈有选择留在家陪他们成长的机会。

在这二十多年的教养路上虽然很孤独，但我没错失享受两个孩子成长的点滴，拥有充满许多踏实美好的回忆。如今我能拥有专业学位，又有两个善良贴心的儿子和顾家的先生，满心感恩这一切！至今，我们虽然只拥有一间小小的公寓，我们之间没有任何所谓的个人隐私，但我们拥有许多家庭没有的，就是兄弟俩在成长过程中留下的点点滴滴。祝福所有的父母都能成为勇敢、态度积极的父母，不要轻易让这些身边美好的事物流失，教养出健康快乐的好小孩！

✗33 小良妈妈的餐桌哲学：成功的教养方法

　　大儿子正式上班的第一个月，每天下班回家，晚餐时间都是和父母分享他在中午用餐时间与同事之间的话题，这期间不断提到老板的秘书想见我，而且她打算去巴西度假，届时会买咖啡送给从未谋面的我。我忍不住问儿子："你老板的秘书又不认识我，为什么想见我，还要送东西给我？"儿子说，有一天，秘书告诉他，面试这个工作的当天，除了专业内容之外，他提早15分钟到场、握手、坐姿等行为都被一五一十记录下来，当时在场的三位医学双博士及两位资深研究助理对他的一举一动都留下深刻印象，且深信他是来自一个重视品格教育的家庭，所以这位秘书很想见见在他背后的母亲，她似乎在我这二十多年来的教养孩子的成绩单上打了及格的分数。

态度的培养：不放弃任何一个小小的机会，虚心请教

如今两个孩子已是法定年龄的成年人，回想2009年10月底，当我第一次被记者问到如何栽培两个孩子的，虽然我在不经心的情况下，给了对方的答案是**让先生、孩子吃对三餐**，而从那一刻起，至今的五年当中，我也不断地问自己这个问题，这二十多年的岁月虽一纵即逝，但又是一条相当漫长的路，有如乘坐云霄飞车，有时爬到高点但随时又会跌到谷底，而我是如何走过来？在思索当中，几个实例或许就是让我勇敢面对自己和孩子苗壮。

为牙医学系考试暖身，无意中考上文化大学

当我从实践家专毕业，准备考台北医学院牙医系插班

时，无意中发现文化大学也招收插班生，考试日期就在牙医系的前两个礼拜，最初我并不是想念文化大学，而是强迫自己在考牙医系前能热身一下。考试前几天因台风而停电，有两天我甚至必须点蜡烛熬夜念书。文化大学那一年插班只录取两个人，我是其中一个。很不幸，我的医学院梦还是破碎，没考上牙医系，不过幸运的是，我没错失文化大学的考试，即便当时只是拿来热身。

姑且一试，考上马偕营养师

在文化大四上学期的12月，接近期末考的某个礼拜六下午，同学告知马偕医院要招考营养师。

我当时的想法是，再过一学期就要毕业了，想知道所谓业界的考试，到底是怎么个考法？于是我抱着"探路"的心态报名，离开考场后，早就忘了赴考马偕营养师一事，那天父亲叫醒我："怎么一回事？马偕医院怎么会打电话给你？"我睡眼惺忪地听电话："恭喜你考上了，请你礼拜一来报到上班。"我迷迷糊糊地只应了"哦"一声，挂了电话，愣在原地。父亲问我怎么了？我回答道我考上了马偕医院。父亲又追问："那你不要念书了？"我急着说要念呀！父亲比我更急了，喊道："那你不是找麻烦吗？"

当年实践或文化毕业生，根本进不了医院当营养师。后来我挂了电话，想想不对呀，我最初要的是大学文凭，我也自信工作还能找得到，于是我决定不去马偕上班。

当我到马偕医院营养课表示我不能上班时，主任也愣住了，她问我："你不能来上班为什么要来考？"我忘了当时怎么回答，但记得我在最后加了一句："不过，我快毕业了，如果你愿意让我把这学期撑过去，我礼拜天值班，中间有一天让我去学校上课，可让我把最后这学期熬过去。"

如果没有姑且一试，即便当时我认为命中率渺茫，我也不会幸运地考上；而如果我没有试着告诉主任我的想法，我就不会获得两全其美的结果。总归就是任何一件事，开口去问了，试着去做了，就会有希望。我相信，只要努力，抓住任何大小机会，都去试一试，因为你不知道哪个会是你的。

从I-20到H-1

我在美国前五年，由于语言障碍与异乡人身份，让原本当营养师时满满的自信心全没了，感觉自己一无是处。不过，所谓时势造英雄，后来我学会一件事，才让自己从此抬头挺胸，毫无畏惧，勇敢地争取自己的权益。

1986年，我到美国拿的是I-20学生签证，1989年毕业留在学校里面工作必须由I-20换成H-1工作签证，当时发现一严重的签证问题。1987年念完第一个硕士，我又接着念公共卫生硕士，因为这是两个不同的系所，应该要再申请另一个I-20，这些动作我完全都没做，因为我自以为在同一个学校里不需要。

直到1989年我拿到第二个硕士学位后要找工作才发现，天哪，我是非法在美国居留两年了，我紧张到足不出户，询问各方意见，获得最快解决方案：第一个是出境美国到加拿大，当天再入境美国；另外是到巴哈马，但人生地不熟，我不敢轻举妄动。于是，我出国念书第一次飞回台湾就在1989年，就是为了签证，在还没正式工作前，还没有毕业离校，赶快出境再入境，就可以恢复有效的I-20，才进一步转换成H-1。

我想说的是这件事如何激励我凡事得自己争取的斗志。话说校方主办学生签证的人员，他的老婆刚好要生产，他请假十天，我碰壁后只好乖乖回家，那几天真是度日如年，我害怕到不敢出门，好不容易熬过十天，我去他的办公室却不见人影。秘书告诉我，他继续请假一个礼拜，当时我相当愤怒，英文再怎么破我都敢说："请你打电话给他，我必须拿到I-20，他让我等了十天，我的机票都买好了，今天拿不到文件我不会离开。"秘书见状，随即打电话给主办人员，十分钟后，我拿到I-20。

刚到美国，最初三年，我一向不敢吭声，人家说什么就是什么，因为语言问题，我从来只说YES，不管听懂没听懂，那是我在台湾所受的教育，但这件事情把我惹火了，我的个性及办事的态度转变亦在此时，这也影响到我当妈妈后的态度，我不站起来，没有人可以帮助我的孩子，我们在美国没有亲戚，我不能再没有自信心了。

就是因为这张I-20，我忍气吞声十天，住的公寓看不到外面的阳光，暗无天日，我看不到一线光芒，十天让我自己不知日子该怎么走下去。好不容易等到了，又跟我说还要再等，我真的发火了，这是我到美国之后第一次发火。我学会任何一件事情，当我碰到问题，就翻我的电话簿，看看可以去请教谁，综合找出解决方法。这个电话簿对我最重要，可让自己先冷静一下。当时签证我也问了很多人，台湾家人则宁愿我多花点钱飞回台湾，万一入不了境，至少还有个保障。这是我在美国，学会生存的第一课，只要有理，必须自己去争取，暗自埋怨、流泪，无济于事。

争取公费去美国进修

1984年，我是台湾第一个被送到美国进修的营养师，这

整个过程不是我的想法，是马偕医院直肠外科许医师的建议，而我是去争取与执行。

那年，许医师从美国斯隆凯特林纪念癌症研究中心（Memorial Sloan-Kettering Cancer Center）进修返台，他希望找一个营养师帮他翻译高纤维的饮食卫教单。许医师是主治大夫，旗下有很多住院医师，他询问住院医师有没有人可以翻译，于是有人将我介绍给他。对我来讲，翻译没问题，那是我的专业。做完之后，我跟许医师讨论，他对我的工作态度还算满意。

我记得许医师跟我说："要不要找个机会到美国看看？"当时我一直很想去美国念书，我较早的主管提醒我不要一头栽进去，搞不清楚东西南北就出国念书，风险太大。许医师建议的短期受训，或许是个不错的想法，但是我不能凭空跟我主管说我想去美国短期进修。

那时，我做了一个简单的统计，发现住院病人普遍有营养不良的现象，所以我向主管陈述许医师建议我去美国见习如何做癌症病人的营养照顾。当时我的主管并没认同我的想法，认为这事遥不可及。我被打回票之后，遇到人事处黄主任，他关切地问我怎么了？于是我告诉他我的想法被否定了，黄主任进一步追问我的整个想法，我就一五一十地向他说明。

由于黄主任对我讲的任何想法都非常认同，他就跟我说："你可不可以拿张纸全部写下来？"我毫不迟疑，当场写下整个提案的初稿交给他。隔天，黄主任打电话给我："请你明天到副院长办公室。"黄主任当然知道当时我跟主管关系不是很好，要我不要吭声。那天我有点不知所措：这下怎么办？我怎么解决这件事情，我不能跟主管说副院长要找我呀！所以，第二天我请假见了副院长，解释为什么我有这样的想法，以及我去进修可以为医院病患做哪些事。副院长听完，觉得这是非常重要的事情，他很殷切地看着我说："请你准备好，我们送你到美国去短期进修。"

为大儿子上诉而进入第一志愿的中学

　　在纽约市，好的中学需要考试征选，小学四年级的纽约州州考分数必须在660分以上才有资格申请特殊中学，申请之后得再考第二回及面试。我家大儿子曾与第一志愿擦身而过，后来又因为我的不放弃，失而复得。这件事要从他的琴艺说起。

　　有一天，我去参加家长会，经过礼堂，该校辅导员在弹钢琴，第二天，大儿子遇到这位辅导员老师，主动赞美他："你的钢琴弹得真好。"辅导员讶异地问："你怎么知道？"大儿子说，前一天他跟爸爸、妈妈经过礼堂时听到，辅导员一问之下才发现原来我的大儿子也会弹琴，于是就带着大儿子到礼堂弹给他听，惊叹之余，马上请校长到礼堂聆听，两人听着听着，傻了眼：怎么都不知道学校里面有这么会弹琴的孩子？

没多久，学校举行音乐会，大儿子除了钢琴、小提琴独奏，还跟辅导员一起协奏演出。一个晚上，校长和辅导员对大儿子印象极好，甚至比他小的学弟妹还会写信给他，粉丝多多，风靡一时。

大儿子对辅导员的一句真心赞美，无形中在学校埋下人脉，当他没进第一志愿中学失望之时，辅导员便很关心地建议我可以上诉。起初我们还担心，万一上诉没成功多丢人呀！

隔了一段时间，辅导员知道我没采取任何行动时说了重话："我不懂你们华人妈妈，为孩子做很多事情，却没为孩子争取机会，这是一个机会，为什么不上诉？不成就回到原分配的学校而已。"因为我并不知道还可保留原学籍，以为上诉没成功就没学校可念，获知确切利弊后，当然二话不说，立即行事。赶在最后一天的上诉期限，我在学校填妥表格，回家请先生签字挂号寄出，结果大儿子真的进了第一志愿。这件事情也让我尝到甜头，往后孩子的各项甄试，我主动把握每一个机会日益纯熟。

（这位辅导员早在十年前退休移居佛罗里达州，他也没想到事隔十多年我们一家人会专程拜访他叙旧往事，因为我心存感激他教导我这个华人妈妈如何在美国生存，同时更要孩子知道他们将来的成就，是许许多多的人在他们成长过程中播下的种子。）

被我送进资优班的小儿子

大儿子在五年级时（小学的最后一年），因为已经申请好中学，在校时间只顾着毕业典礼排演，我不想让小儿子也这样无所事事一年，与学校辅导员提及顾虑，他也认为小儿子应该设法转到资优班，不该留在一般学校浪费时间。辅导员介绍我们去一个实验小学，每个年级只收两个班，一个班仅有25个名额，大部分的学生都是从幼稚园就进去，一路升级，但每年也有少数人离开，所以会补差额至25个人，每年会不定期招考。

当时，适逢小儿子四年级刚开学的10月，辅导员给我电话号码，要我打电话去问，我离开后不到十分钟，热心的辅导员打电话告诉我，四年级还有名额，要我快去报名。当时我没打那个电话，而是直接跑去那所实验小学。后来我也知道，那个电话只是总机，如果那天我没亲自前往，说不定就在中途被扼杀了。

第二天，我亲自送资料过去，当天就要小儿子参加考试，我根本没时间跟孩子解释，就送他去考试。然后我接到电话说礼拜一入学，整件事不过两三天的时间，就像我在马偕医院要出国进修一样，速战速决的重大决定。

当我跟小儿子在学校收拾东西时，我自己和老师都哭了，当时四年级的老师把他当个宝，而我不知道这样的决定是对还是错，只是因为"资优班"，连学校都没仔细评估过，其实这个决定也曾让我后悔了两年，当时我认为是错的。

由于大部分资优班的孩子都是从幼稚园一路念上来，我的孩子在普通小学被老师认为是天才，但转学到了新学校，老师却觉得他什么都不对，而偏偏四年级是关键时刻，因为当年就要准备纽约州的考试，小儿子被评得一文不值，老师不管他，家长看不起我们，同学不理他，他在学校只有一个朋友。

更万万没想到，小儿子考纽约州州考竟考了658分，对，差两分才可以申请特殊中学。那天我还记得很清楚，他搭校车回来，他的爸爸去接他，一路把他骂回家，然后臭着脸就出门，再回实验室上班去。小儿子感到莫名其妙："爸爸在发神经？他一直骂我，一直骂我。"我就问骂什么，当我一看到成绩单时，也傻了眼，心凉了半截，我才跟孩子说：

"儿子，你知道有多严重吗？你必须去念普通中学，跟成绩不好的人一起念书。"听完我解释的小儿子，突然放声大哭，之前他完全不知道这个考试的重要性。

我不甘心，隔天就去学校问老师该怎么办，不能只凭一个考试就定终身呀？结果老师把我轰出来："你的孩子就是这种程度。"我不放弃，又说："我没有要求改成绩，只是问有没有别的方式来证明他的学习能力？"老师当然不理我，我也找过校长，同样被校长轰出来，我不知哭了多少回，没错，我的孩子确实考了658分。

曾想过是否让小儿子念私立学校，但如果没有奖学金，我们确实也供不起相当于大学的昂贵学费。我也向大儿子就读的第一志愿实验中学的校长询问，是否有其他弥补方法？校长也表示这是程序问题，考纽约州州考必须660以上的人才够资格填表格申请，在教育局已被初步筛选掉。

不知是不是我的锲而不舍感动了上天？后来那年公布的申请分数竟提高到685分，这下我就心平气和了，因为我们距离下限是27分而不再是2分。问题是，660到685分之间的家长闹翻天，家长集体开骂，本来可以申请的变成不可以，我当然没跟着骂，我家只有658分而已。到了10月，有关单位下达通知，从今以后，没有限制分数，不管考几分都可以提出申请。

到了11月举办家长会，我又问老师："现在没限制了，是不是就可以申请？"老师却翻白眼，不屑地回答我："你在浪费第一志愿，根本没机会进去。"后来我又去问之前学校的辅导员，问教育局人员，笃定结果是，我要浪费是我的事，我有权利让小儿子参加第二次申请考试，真的就让他考上了。事后回想，从完全没希望到考进去，这个过程也挺戏剧化的。

我有两年非常后悔，恨死那个老师，好不容易毕业了，毕业典礼当天，那位老师竟然还说："好奇怪哟！"但上了第一志愿实验中学的小儿子，却被所有的中学老师视为神童，因为他上课很专心、很会写笔记，他会在同一时间内使用不同颜色的笔，而且字迹工整。此时，我才反过来感激"资优班"的教学，写笔记能训练手、眼和大脑的协调，之后小儿子念书比他的哥哥轻松愉快，关键在此。

守候教授，完成博士论文

刚到纽约念书的第一学期四个月当中，我永远是第一个进图书馆，最后一个离开图书馆，这种景象在我写博士论文时又重现。长时间在图书馆奋战的我，变成中年妇女追着指导教授跑。为了论文进度，我不得不定期找我的指导教授，但她经常让我空等，不是延迟就是放鸽子。谁让我拜在名师的指导之下，所以我只好图书馆与教授办公室来回跑，而讨论时间从晚上六七点到深夜十一二点是常有的事。

后来我决定守株待兔，我抱着电脑坐在办公室门口的沙发上，表现出"我很认真"的模样，当然教授见状再也不敢松懈，总会挤出时间与我讨论，即使十分钟也是好的。当我完成博士论文要离校时，指导教授的秘书开玩笑说："嘿，你应该拍下那张沙发的照片！"没错，我真的按了下快门。

我拿到博士学位，却找了一年工作

2013年，我拿到博士学位，开始由二十年家庭主妇的身份试着走回职场，许多朋友都在办理退休手续，而我忙着写履历表及求职信。一年的时间，我找不到工作，但我还是每天背着书包到图书馆，后来发现是自己在求职信内容上犯了很多错误——用一份大小通吃的信。其实，社区大学、州立大学和常春藤大学的需求不一样，社区或州市立大学着重教学技巧，而常春藤大学着重如何做研究和挑战学生，而且我在台湾丰富的经历在美国却不被承认。不过，空窗一年，我在图书馆专心写完一篇发表文献，同期的八个博士毕业生，唯独我有文献发表，之前还获得2013年美国营养教育协会的论文研究奖，但在论文答辩之前，我是最不被看好，年纪最大，唯一英文不是母语的一个。甚至在毕业后，将文献送审之后三个月被要求修改统计部分。当时我对自己的统计学没有任何信心，只好求助于系上一位博士后研究员，她一再爱理不理地推托，我最后下定决心求自己，花了整整两个月时间，到处请教了八个统计学专家，终于将统计资料有模有样地展现出来。原则上重新送审又得再等三个月，但没想到两天后我的文章就通过审核，发表在学术期刊上，我的指导教授高兴地频频说，从来没碰过这种事。之后，我又忍着自付开会费用的额外开销，前往圣地亚哥和密尔沃基开营养教育专业研讨会时，无意间找到了在康乃尔大学及之后州立大学兼任的工作。简单地说，坐在家里等，或自暴自弃，机会绝不会从天上掉下来。

美国的数学教育真的很糟糕吗？

从踏上美国那一天开始，我就亲眼见到，且非常不能理解美国人对数字的反应，简单地说就是一般的评语，美国人的数学真失败。我的数学一向很好，但我的孩子进入正规教育体系时，我并没有歧视他们的教学方法。在纽约市的公立学校由小学到高中，每一学年，学校会邀请家长在特定的一周内，在自己孩子的教室里跟着上课，而我经常是唯一坐在教室里上课的家长，当然在五年级之后他俩曾严重抗议过，但我反驳他们的理由是这是学校教育单位给我一年一度的权利，别的家长不想拥有这个机会，但不代表我得放弃，当然我终于在八年级之后放弃了，因为我已熟悉美国教学的哲理。第二个理由是，我不是在美国长大，我想要知道老师是如何教我的孩子，这样才不会互相抵触，尤其是数学。也因为这样，我终于理解，美国的数学教育是用逻辑推理启发孩子的思考，而不是硬背九九乘法表，例如计算面积，从小我们就知道长乘宽就是面积，而他们的教学是用一边是一的小方块来推理（正如用在微积分的方格纸）。有一天我在四年级教室里观摩，老师问小朋友19乘19是多少，大部分孩子都知道答案361，但他们不是死背出来的，因为他们必须讲出得到答案的方法，其中一个方法就是用面积的理念，先用整数20乘以20得到400，但题目是19乘19，所以一边拿掉20（400-20 = 380），另一边再拿掉19（380-19 = 361）。从此我不再认为美国数学教育不好，同时我学会凡事要先虚心了解实情，不要任意下结论。

劣势变成优势

在我博士学位加冠时，身上所穿的袍子是租来的，之前我认为自己没有条件和能力在美国大学教书，既然无法走学术界为自己的学生加冠，就没有任何机会再披上那件我非常喜欢的博士袍。但没想到毕业典礼第二天收到美国营养教育和行为学会（Society for Nutrition Education and Behavior）的通知，我获得研究生的研究奖，忽然间对自己能够带领年轻学子参与学术研究的信心大增，而两个孩子和母亲都知道我很想拥有那件袍子，就鼓励我去订购一件属于自己的博士袍，因此我买下它当作鼓励自己朝学术界努力的决心和原动力。在一年半寻觅教学工作当中，我曾无数次地想放弃和绝望过，给自己的解释不外乎我的年龄，以及英文不是我的母语上打转。幸运的我终于在一所州立大学被聘任，面试的主管竟然告诉我，英文有口音是绝对可以被接受的，他们要的是我的专业经验、人生体验和对学生的爱心，他们相信我拥有这一切，更能以对待自己的孩子一样去带领我的学生。上课前的准备工作远远超出我的想象，我教的是如何做营养研究（Introduction to Research）。第一堂课对学生的开场白并不是在教科书上可以找到的，而是发自我内心的话，这门课是由寻找研究题目，如何用科学方法解答，到如何将研究结果呈现出来的一种过程的学习和训练，而不是拼命交作业或考完大小考试的课程，这更是每一个人需要学习的终身生存技能。正如我不断耳提面命告诉自己的孩子一样，人生有无穷的问题，需要不断地去面对、解答。年龄和语言曾经是我一直用来绑住自己的劣势借口，如今却成为圆我另一个专业梦想的优势。

这十件事情我或许可以对自己的经历做个总结：**人一生中很重要的两点就是态度与自信心的培养。** 如今我们四个人仍然在异乡，互相鼓励，寻找自己在专业上的梦想，这一切原动力来自我们彼此从未放弃自己或家人，把握每一个机会，坚持自己的信念，面对问题接受挑战的勇气。不要让自己和孩子共有的岁月留白，别忘了由餐桌不能留白开始。当您抬头面对阳光时，阴影已在您的身后！千万不要在阳光下低头，阴影会无情地呈现在眼前！祝福所有的父母都能成为勇敢、态度积极的父母！天底下绝没有笨孩子，所有美丽的花朵都不是同一时间点绽放其魅力！

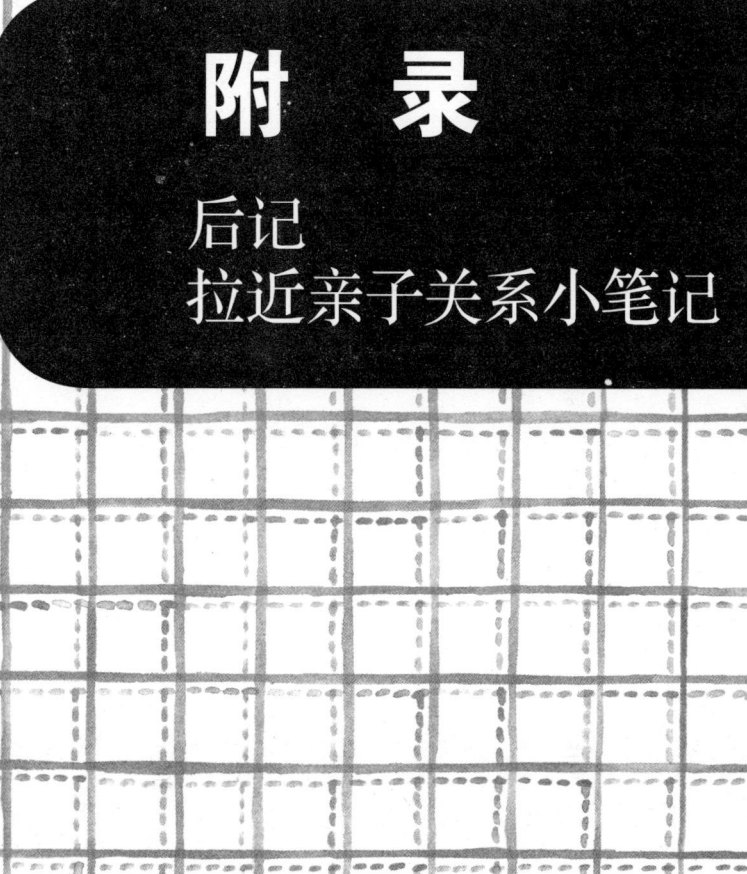

附　录

后记
拉近亲子关系小笔记

后　记

今天是个许多巧合的日子！一早，大儿子正经八百地开始他人生中的第一个正式工作了；同时十年前的今天，没有人记得我50岁的生日，但结婚28年了，我们家先生出奇地第一次记得我的生日，当然是两个儿子不断用短信提醒老爸千万不能忘，看来今天我没有借口外出狂刷信用卡了。而且，外面下着不算小的雨，天色灰暗，看来我只好安分地坐在电脑前来个自我回顾，在这个家母为我受难后60年的特殊日子里，为这本书写下结语。

在20世纪90年代台湾经济起飞之前，大部分由中国台湾到欧美的学子，都是在掌声中茁壮成长的，而我在许多的挫败中不断寻找自己的人生目标，一切比他人慢很多拍，所幸，我已完成许多心愿。

我这一甲子的生命好比一棵大树，营养专业已如树根深深地埋入我的生命中，曾屡次试图将营养工作由我的生活中斩掉，虽然我深深相信营养教育的传播非常重要，且自许这是老天赋予我的职责，但过程中只有许许多多的挫折，却又切割不掉。而先生的朴实、厚道，给了这四口人的家庭以强壮牢固的树干；两个孩子生长过程中的点滴有如树枝上的果子，有甜有涩，甚至有苦，重要的是这棵由台湾移植到美国的树，虽然只是一棵普通不起眼的树，但我信心满满，这是一棵很茂盛的树，有一天或许会变成百年或千年老树，可以让人遮阳避暑。

过去二十多年，先生和两个孩子在我的生命中写下许许多多精彩的故事，希望往后的20年我仍能拥有更多真实美丽的回忆。在专业上，我希望能够伸展我的执着理念，让所有中国人的家庭及下一代更健康，生活更美好。这一切绝不是进名校、高收入、权贵或拿诺贝尔奖的人就可以拥有的！

这本书所写的一点一滴是我和先生及孩子之间的隐私，其实我不应该公开于世，但无论是营养专业，专职的家庭主妇，还是埋首在图书馆写博士论文和学术研究报告，这一路走过来，只有一个感觉：好孤独，但是好踏实。我不是炫耀孩子和自己的成果，只想和更多人的分享，互相鼓励——你不是唯一寂寞的人。事实上，大部分在专业上追求理想的人，尤其是默默付出，为追求孩子更卓越的父母，都是寂寞的、孤独的。而人生中最不寂寞、孤独的时间，应该是父母与子女共处的那段时光，为人父母者，千万不要轻易错过。

老天对每个人都很公平，每个人每天只有24个小时，每个人只能活一次，人生长短可以自己掌控，美好的生活与健康，每个人都可以拥有，只需要由最简单且根本的事做起，那就是回到厨房，亲手为家人准备食物。自身和家人的健康及亲情必须用心和双手去筑成，无法由他人代劳。我庆幸拥有精神及健康非常富裕的家，希望借此能与更多家庭分享我在专业及为人母所走过来的种种跌撞、成长、疗伤、愈合、喜悦及感恩，祝福所有的人！

拉近亲子
关系小笔记

1. 抓住孩子对家庭的向心力，先得由厨房准备餐桌上的食物做起。

2. 不仅把孩子当朋友看，也可以让孩子的好朋友变成父母的朋友。

3. 相信且尊重孩子的选择，但要不动声色地观察，必要时给予协助。

4. 当孩子生活上、学习上有状况时，必须给予协助，陪着孩子一起面对，并探讨问题的关键及如何解决。

5. 亲子关系及良好的家庭结构来自餐桌的食物，餐桌食物反映出父母的爱。

6. 孩子也有情绪，当情绪低落或有争执时，最好给他们时间冷静下来，之后再问："你愿意告诉我或沟通吗？"

7. 在特殊的日子里（例如生日），创造惊喜。

8. 要保护孩子，成为孩子的精神支柱，就算自己的孩子做错了，也要陪孩子出面致歉，不要怕没面子。

9. 当有状况时，要先问清楚孩子实情，父母不要马上跳起来责备孩子。

10. 顾及孩子自尊心，不要在公共场所大声呵斥、管教孩子。

11. 孩子的自信会被骂光，多用正面语言，换个角度说孩子。

12. 父母珍惜与孩子相处的重要日子与时刻，将来孩子也会珍惜与父母共度重要的日子与时刻。

13. 在孩子成长的短短路程中，播下的每一粒种子，何时会发芽开花，何时会百花齐放，没人知道，只能默默、耐心地灌溉与等待。

14. 提供给孩子正确的饮食，尤其早餐的品质与孩子的学习及表现有密不可分的关系。

15. 相信孩子已经吃够了，不要强迫、威胁或用甜食作为交换。

16. 当自己的孩子有特殊天分时，为人父母更须低调，有包

01
餐桌，
孩子最棒的学习场所

02
优秀孩子的教养关键：
好好吃饭

03
餐桌上，
看见家人的笑容

附录
后记，
拉近亲子关系小笔记

容、赞美他人的心，否则会反过来污染自己孩子的天分与纯真。

17. 父母要时时教导孩子，手足之间要学会互相尊重和感恩。

18. 积极帮助孩子跨越学习障碍，而不是负面的批评。

（京）新登字083号

图书在版编目（CIP）数据

教养从餐桌上开始：营养师妈妈教你培养健康、自信、体贴、
有礼貌的孩子／白小良著.—北京：中国青年出版社，2016.9
ISBN 978-7-5153-4073-9

I.①教… II.①白… III.①家庭教育②饮食营养学–基本知识
IV.①G78

中国版本图书馆CIP数据核字（2016）第192287号

北京市版权局著作权合同登记　　图字：01-2016-0331

本书中文繁体字版本由大众国际书局股份有限公司大邑文化
在台湾出版，今授权中国青年出版社在中国大陆地区出版其
中文简体字平装本版本。该出版权受法律保护，未经书面同
意，任何机构与个人不得以任何形式进行复制、转载。

中国青年出版社　　出版发行

社　　　　址：北京东四12条 21号
邮 政 编 码：100708
网　　　　址：http://www.cyp.com.cn
责 任 编 辑：刘霜Liushuangcyp@163.com
编辑部电话：(010) 57350508
发行部电话：(010) 57350370
项 目 合 作：版客book@inbooker.com
三河市君旺印务有限公司印刷　新华书店经销

870×1240　1/32　7.25印张　　200 千字
2016年9月北京第1版　2016年9月第1次印刷
定　　价：35.00元

本图书如有任何印装质量问题，请与出版部联系调换
联系电话：(010) 57350337